金剛經中的第三聲音

徐明武◎著

博客思出版社

無意識界 心瑜珈 之一式

他們 簡單而嚴謹
一如 至真至純的心
自宇宙創始至今 遵守天命
可見 或 肉眼不可見處
有空間 無空間處
隨時進入 或 退出
都是他們的工作 清楚區域所屬

閉上眼睛
他們充滿在宇宙中
能量 支配他們的分佈

一旦起心 連動意識
他們依意識造成的 正負能量
求取分佈平衡 達到眾生皆同

末後
我的分子與他們的分子
將一同起舞 在宇宙中
分不出你的
還是
他的我的心

註：微生物在地球誕生時或已同在，超過 35 億年，是天地的初心。
文圖／摘自徐明武著「心瑜珈」第八十五式

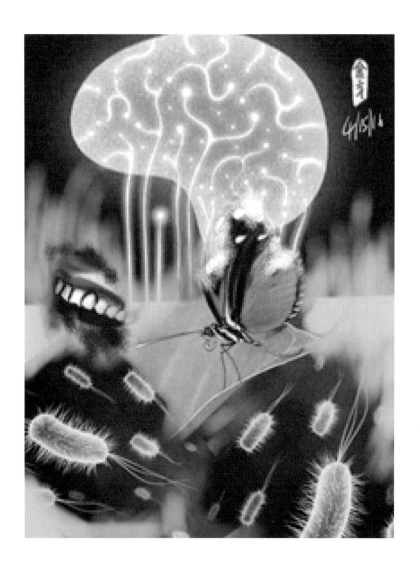

目錄

作者序

緣起

　　從 2008 年遊訪西安法門寺途中得一金剛經本算起，至今已十個年頭，每一次心念接觸經文，均會有每次新增的體悟；其中也曾閱讀許多的相關書籍，幾年來總覺要將自己的非常個人，非從鑽研甚深佛學的角度，而從學習生命智慧哲學的角度，來將心得紀錄下來，為我自己作為宇宙行者的修學參考。終於決心具足，準備完成這項工作。本《金剛經中的第三聲音》，指的是在閱讀中的我，我一面閱經，聽講，思考，轉譯，一面也希望能插入對話提問，書的內容即是以如此的心態語氣口吻所作的紀錄。書本排列的分章，參考梁武帝昭明太子的分則（參見附錄二），下的標題是以本身感悟覺受作為標題文；每章經文的正

文下方有摘錄的一段呼應文字或詩或銘言，接著是以旁聽者的語文註解闡譯經文或提出感悟心得，在每一章節後面附一詩文，是與經文相關聯的誦讚感想詩。最後以此章覺受義理，思考如何應用經文智慧於曾經自身或非自身遭遇過的實際的人際、職場、生活問題，問題的答案隨人不同，均是自身所匯聚的因與緣，而亦將隨行者腳步越益具足！

「深入經藏，智慧如海」，書的內容寫出來分享的只能是大海的一團小小的水分子，宇宙行者須要共同藉大德智者們更大的浮（福）力，行到更高境地！

書中尚多謬誤在所難免，尚請讀者們不吝分享您的指教批評。

徐明武　2019.6 於 「敦煌第 17 窟」

前言

哲學呈現的多立方體藝術

　　第一次接觸金剛經時，深深驚訝於僅僅短短五千多字的內容，卻包含了：數學，文學，物理學，生物學，礦物學，天文學，經濟學……當然，宗教的神學自然更是充滿奧義！猶記得第一次看完的感覺：充滿說不清理不明的哲理，語句雖莊嚴入心，但難以明瞭正確意涵，段落章節似乎重複，但又略有不同，分段標題的意義與內容無法連貫，涉及神學內容雖不難接受卻無邏輯可解……，似懂非懂，但卻充滿任何學問都不及的吸引力與好奇心。

　　於是，奇妙的事發生，從此每次或讀或聽，都生出新的理解讚嘆與深入智慧的喜悅，有時，

甚至產生了一種超然感受的近乎神聖的覺受，有時，超出句子內容的感受如另一聲音自腦中迴響起，當然有時，理解過的句子又突然蒙上一層無明矛盾，如此一路可比擬屢仆屢起，直到雖知千百年來已有數不清的金剛經相關著作論述與專書，仍掩不住內心的喜悅想要將之書於文字分享自己從中體會的金剛經「哲學呈現的多立方體藝術」之美！

即如許多畫家一樣，雖面對同一美景或雕塑或人體都能繪畫出自己獨特觀感覺受之美！然而我相信金剛經呈現的哲學藝術之美是超乎三維的，是非常非常多維度的哲學，無法以數學的科學來定義的超維度！故此，人人都具根本的天賦，能從中體悟生命的哲學意義，作為人生行修指引的羅盤。如此的角度來看金剛經的經文，更是證

明「深入經藏，智慧如海」。

　　以哲學的角度來學習金剛經是一種選擇，也是一種生活的方式，相信與以宗教神學的角度來修習金剛經，亦具同樣的啟發引導、進入更高精神層次的價值。無論是視為哲學或宗教神學，金剛經的現世，近兩千多年來影響人類精神文明的進展實在難以文字語言來述說。謙卑與尊敬的態度如偉大的愛因斯坦曾說：「I am not an Atheist. In view of such harmony in the cosmos which I, with my limited human mind, am able to recognize, there are yet people who say there is no God. But what really makes me angry is that they quote me for the support of such views.（我非無神論者，以我有限的人類心靈智能，竟能認知到宇宙如此有序和諧，卻仍有人主張沒有上帝！但讓我生氣的是他們引

用我的話來支持他們的無神論！）」；然而關於上帝的問題，他很誠實謙遜地說：「The problem involved is too vast for our limited minds.（上帝所牽涉的所有問題是超乎我們人類有限的智能的問題！）」。

神聖者自有神聖的義涵，寧若取其哲學的啟發，在人生路上作為指路明燈；神聖者，即非神聖，是名神聖。

哲學的研習，既然將之作為研習，內容須能見到：有問題，有解答，有符合前後邏輯之思維痕跡，有前後不矛盾的特性，有解答問題後更能提升問題相關涉及的更高思想，前後章節有邏輯互相連結的層次感，呈現系統化的論述，所提的問題解答應在論述中即已包含……，等等的內涵。金剛經的分章可以將之分為二部分，第一章到第

十六章是一段認知與理論說明的前半段；第十七章到第三十二章是將理論義理再深入的後半段。經文全文為世尊與須菩提的對話紀錄，但須菩提真正只在前半段提問了三個問題，在後半段提了四個問題！由對須菩提提出問題的觀察反省，除了非常人性化，與讚嘆須菩提對追求真理智慧的可愛認真不馬虎外，亦隱含了甚深的神學性哲理！如此的經典，任何人讀來都可有自己的感受與體悟。

金剛經的經文是顆神奇的種子，可以埋藏在讀經者心中，在任何時間可以成長成任何的果子或奇花異樹！而且不只影響自己而已，時間也不匡限在今生今世！

徐明武　2019.6

第一章　邀您參與遊行盛典

如是我聞。一時，佛在舍衛國祇樹給孤獨園，與大比丘眾千二百五十人俱。爾時，世尊食時，著衣持鉢，入舍衛大城乞食。於其城中，次第乞已，還至本處。飯食訖，收衣鉢，洗足已，敷座而坐。

"To every action there is always opposed an equal reaction: or the mutual actions of two bodies upon each other are always equal, and directed to contrary parts."

每一個作用都對應著一個相等反抗的反作用：或者，兩個物體彼此之間的交互作用總是大小相等、方向相反。」～牛頓第三運動定律的論述

那聚集在園中的千二百五十人，是誰？第一次我接觸閱讀此經文時，我聯想到清潔衛生問題！但有一次實際參與禪修活動之後，就不這麼認為了！這原本即不是個問題因為在妙法蓮華經中，序品第一，提到有一萬二千人的聚會呢！金剛經描述這樣的聚會，反而比較之下是菁英的聚集！經文的開端好似邀請我們參與一場遊行盛典；在遊行托缽，袈裟飄逸中，一面聆聽智慧的論述，卻同時生出許多心中的疑惑！讀者將在每一章的靜思中，都可藉由此段開場，回到遊行漫步參與佈施中尋找智慧的開悟啟發。……遊行行列中見到佛不？是佛嗎？佛是哪一位呢？我心中歡喜能對佛佈施呢！？那麼您在對僧眾行佈施時心中想的是甚麼念頭呢？

進入學院

神聖教堂中　拉斐爾之壁畫
柏拉圖　亞里士多德　畢達哥拉斯　歐幾里得
智慧的答辯聲　仍然縈繞

華香飄散處　無量無數無邊的虛空中
諸聖　諸賢　諸經典　諸境諸相啟發之念
空身空心空性空法的緣　仍然無來無去在當前

文／徐明武　圖／Raffaello Sanzio （1483-1520）

修鍊問題：
1.1 當與乞食的行列同在一個時空，人會有怎樣的眼界與心識？
1.2 生活工作中如何「取與捨」？如：對心所欲？對心所不欲？
1.3 「取與捨」與修煉的關係？

時，長老須菩提在大眾中即從座起，偏袒右肩，右膝著地〔註 2.1〕，合掌恭敬而白佛言：「希有世尊！如來善護念諸菩薩，善付囑諸菩薩。世尊！善男子、善女人，發阿耨多羅三藐三菩提心，應云何住？云何降伏其心？」

佛言：「善哉，善哉。須菩提！如汝所說：如來善護念諸菩薩，善付囑諸菩薩，汝今諦聽！當為汝說：善男子、善女人，發阿耨多羅三藐三菩提心，應如是住，如是降伏其心。」

「唯然。世尊！願樂欲聞。」

第二章　智慧的開啟

「當我年輕時，在出外旅行之前，我公開以祈禱來尋求智慧。我曾在聖殿前，懇求過智慧；對智慧，我要尋求到底。」～聖經德訓篇 51：18-19

　　這是大阿羅漢須菩提之第一次發問，也是在金剛經中須菩提所發問的七個問題中的第一個問題！為誰問呢？為那些善男子善女人吧！須菩提：「那些將心如箭射出要得到至高無上平等正覺的智慧覺悟的世間男人女人們，如何將心箭穩住？如何消除影響心達到目的的妄念？」男子女人，在世間的修行方法有些相同，有些是不同的！男子有男子心的不定與妄念，女人有女人心的不定與妄念；男子女人亦是人世間的因緣正負作用力與推力，也是世間心念最強，影響力最大的眾生啊！須菩提這一問，石破驚天，導引出的哲理，有人信有人不信，對於無法以科學方式實證的理論，後世之人將之歸類於宗教，或只為個人之人生信念，或於半信半疑間；但在經文問答中所顯露的智慧精妙，所執立論的原點，實在值得人生一世，行走坐臥間，修行反省、迷茫尋覓中用以作為心靈修鍊的指導。那麼我們來期待世尊如何來一步步引導、回覆須菩提的問題！世尊稱呼著

須菩提的名字，慎重說：「如你所說，好的，應該如下方法來安住人的心，消除心的妄念……。」

哲學即是擁抱智慧，智慧則引領人進入真理！

〔註 2.1〕偏袒右肩，右膝著地。為何要偏袒右肩？ 當須菩提向世尊提出這驚天一問，需移開頭腦舊思維模式，如此方能領悟智慧的話語；左腦主司邏輯分析思考，並負責右半邊的肢體；從神經語言學的角度看，所有的肢體動作自然融入內心深處的意念，偏袒右肩，是否是聖者對尋找智慧的暗示？又須菩提這一跪，何時再起身呢？

當下真

呱呱落地啟人生
醒睡之間迷紅塵
汲營追逐如泅海
浮沈苦樂終沈淪
人生無須苦悟深
天地智慧一如塵
鳥鳴枝枯亦為道
當下聽得當下真

文 / 徐明武

27

修鍊問題：

2.1 工作與人生如何一致？遇到甚麼狀況會去請教「老師」？

2.2 誰是明師？您心目中的明師是甚麼形象？

第三章 無限時間空間中的眾生關係

佛告須菩提：「諸菩薩，摩訶薩，應如是降伏其心！所有一切眾生之類：若卵生、若胎生、若濕生、若化生；若有色、若無色；若有想、若無想、若非有想、非無想，我皆令入無餘涅槃而滅度之。如是滅度無量無數無邊眾生，實無眾生得滅度者。何以故？須菩提！若菩薩有我相、人相、眾生相、壽者相，即非菩薩。」

"We should give the same respect to the lives of non-human animals as we give to the lives of humans --- that all animals, human and non-human, are equal." ～ Peter Singer in his article "All Animals are Equal."

彼得・辛格 (1946) 著名澳大利亞哲學家，現代效益主義代表人物，動物解放運動活動家，美國普林斯頓大學生物倫理學教授，澳大利亞墨爾本大學應用哲學與公共倫理中心榮譽教授。彼得曾說：「我們應當尊敬非人類動物的生命，如同我們對人的生命一般，因為動物，人類與非人類，都是平等的。」

須菩提聽了世尊的回答，心想為什麼要提眾生？我只問善男子善女人啊！……眾生是眾生與我何干呢？世尊怎沒說如何如何安住心，如何如何滅妄想？反倒是……去救度眾生？那是佛、菩薩的能力！！我有能力嗎？須菩提顯然期待著一個簡單明瞭速成之法？！眾生的定義在此段明示，涵蓋目前科學所定義的生物界非生物界與無法定義的靈修界非靈修界！「非有想」，不是負正得負，「非無想」，也不是負負得正，「非」指排除而修鍊達到之意；而且眾生所在的處所是：無量無數無邊！這裡，「無量無數無邊」一個特

別的時間空間描述方式，指在無限長的時間無數的無限大的空間中的眾生。以有涯之生去救度「無量無數無邊」裡的一切眾生成佛！？即使有如此念頭，一界凡人如何有此能力？更何況是何年何世才得完成？但是世尊卻又提示說，態度上要沒有救度眾生這樣分別的念頭！？實在是正常人的思維所無法理解，須菩提心想：「這如何是安住心與滅妄想之法呢？」世尊又說：「如果一個覺悟者，因為自我的執念而有了分別心，因他人思言行為而起執念分別，因世間萬物與環境起執念分別，因時間的變化長短起執念分別，則就不算是個真正覺悟者。」這是如何能使人明白的邏輯呢？請繼續看他們的對話……

化生～迎新 心瑜珈 之一式

原是
互相　為自己新的一半
精卵的結合
是宇宙最強大的創作
下一秒　決定
孕生新的自己
帶著
之前的自己　與　新的自己
無斥地　完美結合
眼現　新世界

註：金剛經中「卵胎濕化」生，意解為人的歷程。

文 / 摘自徐明武著「心瑜珈」第八十八式

修鍊問題：

3.1 如果職場中常被主管挑剔，覺得被對待不平等嗎？ 如何應對？

3.2 遇到客戶的強勢如何應付？

3.3 表面的關係之外，有非表面看不見的關係嗎？ 這裡外關係如何相互影響呢？

「復次，須菩提！菩薩於法，應無所住，行於布施，所謂不住色布施，不住聲香味觸法布施。須菩提！菩薩應如是布施，不住於相。何以故？若菩薩不住相布施，其福德不可思量。

「須菩提！於意云何？東方虛空可思量不？」

「不也，世尊！」

「須菩提！南西北方四維上下虛空可思量不？」

「不也，世尊！」

「須菩提！菩薩無住相布施，福德亦復如是不可思量。須菩提！菩薩但應如所教住。」

第四章 宇宙中的能量波動

愛因斯坦：「上帝不會與宇宙玩骰子遊戲。」

須菩提在想要從世尊那兒得到一個明確的安住心、滅妄想的方法才行……，此時，世尊感知到須菩提的心思，即說：「對於用甚麼方法呢？是沒有一定限定的！在實行上，用一種沒有限定的意識認知狀態去佈施！如此的去佈施，福德是不可思量的！」在此，世尊第一次提到了福德！但，世尊怎還沒說如何如何去安住心、去滅妄想？反倒是……再教人們去佈施？那是佛、菩薩的能力啊！我們有能力嗎？福德？是動詞，修福增德？還是名詞，福祿德報？想當初，鳩摩羅什三藏法師翻譯時，福德的內涵究竟是甚麼呢？須菩提 心想：「安住心與滅妄想又如何與福德聯繫在一起？」

須菩提心中關於福德的問號，世尊似理解到了，立即又加以說明：「看到四方的虛空嗎？無盡無量，但又是無有一物！不執著於相的去佈施，所得福德即是如是！應該將心如此安住！」

想像在無限長的時間無數無限大的空間中，有甚麼不可能的事物呢？在物理學上，無量無數無邊的其間即是能量與物質，總括說，都是粒子能量的波動！「福德」是否就是能量的波動？波動從無始即發生，與其他波作用交換，合成，共振，折射解析……持續到無盡。那麼須菩提理解了「福德」的特性即能安住心、滅妄想？當初發射出去要求至高無上平等正覺的智慧覺悟之心並不是要求「福德」的啊？是否我們忽視了甚麼線索連結？世尊的回答尚不能令須菩提理解？須菩提可能與我一樣心想：「怎麼說到福德呢？我們要修無上道，不是福德啊！福德，在此快要與阿耨多羅三藐三菩提心畫上等號了！？」。

　　這裡小小的歸納：

(1) 世尊說：去救度，去佈施，即能安住心，滅妄想。

(2) 世尊又說：救度的態度是要「無我人眾生壽者」，佈施的態度是要「無相布施」。

(3) 如此佈施可以得到不可思量的福德。

名詞 或 動詞

意識　或是　意識
愛　或是　愛
志向　或是　志向
改變　或是　改變
前者是名詞狀　後者是動詞態
名詞安逸穩守　動詞活躍前進
思考時
前者　腦細胞神經電位
產生頻率　小於　後者
競擇時
後者　隨時調整策略
獲得機會　大於　前者

記：中文與其他語文比較，在語法上更是一詞多義、
詞性不定！據研究，大腦感受名詞與動詞的部位不
同；思考「福德」為名詞時則為執念，動詞時，「修
福增德」，則為心念修行境界。

文 / 徐明武

修鍊問題：

4.1 如果投資不利，血本無歸，或是遭遇人生重大變故，
　　 又屆高齡，人生還有什麼可希望？可以作為？

4.2 吃虧的合作生意會去做嗎？例如：你他出資 7:3，權益
　　 卻一樣？

4.3 獲得甚麼才真能安心生活呢？

第五章 粒子波動的其他意義

「須菩提！於意云何？可以身相見如來不？」

「不也，世尊！不可以身相得見如來。何以故？如來所說身相，即非身相。」

佛告須菩提：「凡所有相，皆是虛妄。若見諸相非相，則見如來。」

"The dual, that is wave-particle, behavior of radiation applies equally well to matter." ～ *de Broglie*

德‧布洛依提出物質均有粒子與波動的雙重狀態，物質的能量可以其波動頻率計算。

「福德」是否就是能量的波動？即使在現代一般人也無法真正理解！

同理，如果以「有相布施」所得的也是一種在四維上下虛空中能量的波動，只是我們此處不以福德稱之，應以何名之呢？因為無相有相，並非一個定的狀態，是「心」一直持續修行的狀態。

那麼這能量波動的源頭在哪裡呢？生物的組成成分大部分相同，碳水化合物，蛋白質，礦物質⋯⋯。人與人、人與生物又差異幾希？雖說基因不同，但也只是基本碳水化合物粒子波動的顯示！那麼為什麼物質會組成特定的個體，具有特定的習氣？在色身之外還有其他組成的成分吧？！依照德‧布洛依（de Broglie,1924 年提出）粒子波動理論，系統的能量是其中物質與其輻射波的總能：$E=E_1+E_2+E_3\cdots\cdots=h\nu_1+h\nu_2+h\nu_3$ ⋯⋯（註 5.1）。個體上的總的波動能量世世相

續⋯⋯，意即，所有的 E，具能量不滅，只是一直轉換⋯⋯。

　　世尊：「就以我來說，見到我的身形外相即是見到如來嗎？之前對我佈施的人見到如來嗎？⋯⋯如來？誰是如來？或是我那一部份是如來？如何才是見到如來呢？」世尊接著說了有名的四句偈：「所有的感知面，均只是一部份的面，且是無常性的一直轉換，如能不為其所羈縛，當可以見到自己的如來相！（真相）」。那在第一章中，僧侶遊行行列之外的衣衫襤褸、渾身惡臭的乞行者也是如來嗎？我們不識如來，如何見如來？如何尋找如來？這使我聯想到聖經中，耶穌說過：「⋯⋯我實在告訴你們：凡你們對我這些最小兄弟中的一個所做的，就是對我做 ⋯⋯」（瑪竇福音 25：31-46）。在第二十六章，我們將聽聞世尊將本章中的真如意義更加延伸：「若以色見我，以音聲求我，是人行邪道，不能見如來」，又更進階的闡述人自性中的神聖性。

[註 5.1] E=E1+E2+E3⋯⋯=hν1 +hν2+hν3⋯⋯ 。E：能量，h：普郎克常數 Plank constant，ν：波動頻率。

不識如來

在　寺燈青煙中
在　白雪高雲中
或
在　情仇愛恨裡
或
在　聖典禪經間
不識如來　如何覓如來
原來是
我　不識　我

文圖 / 徐明武

修鍊問題：

5.1 婚姻，交友，合作……千金難買早知道？如何早知道？

5.2 生活工作為什麼會不愉快？ 起心動念時的觸發是甚麼？ 起心動念後的觸發又是甚麼？ 知道自己的起心動念？

須菩提白佛言：「世尊！頗有眾生，得聞如是言說章句，生實信不？」

佛告須菩提：「莫作是說。如來滅後，後五百歲，有持戒修福者，於此章句能生信心，以此為實，當知是人不於一佛二佛三四五佛而種善根，已於無量千萬佛所種諸善根，聞是章句，乃至一念生淨信者，須菩提！如來悉知悉見，是諸眾生得如是無量福德。何以故？是諸眾生無復我相、人相、眾生相、壽者相。無法相，亦無非法相。何以故？是諸眾生若心取相，則為著我人眾生壽者。若取法相，即著我人眾生壽者。何以故？若取非法相，即著我人眾生壽者，是故不應取法，不應取非法。以是義故，如來常說：汝等比丘，知我說法，如筏喻者，法尚應捨，何況非法。」

第六章 通關密語

"Simple Steps to Healing: Ho'oponopono. I Love You, I'm Sorry, Please Forgive Me, Thank You. " ～ Dr. Joe Vitale

《零極限》作者喬‧維特伊：「我愛你，對不起，請原諒我，謝謝你。」

金剛經雖說是弟子須菩提與釋迦摩尼的對話問答，經文中須菩提總共只問了七個問題，其中有兩個問題看似重複（即第二章之問與第十七章之問；本第六章之問與第二十一章之問），但字義上卻是更進階的問法（參見第二十一章與本章的問法，「……頗有眾生於未來世聞說是法，生信心不？」）；在本章的此段經文即是須菩提的第二個問題。

須菩提：「世尊，那麼！您說的文句道理很難理解呢！人們怎麼會真實相信呢？」（關於四維上下虛空中的無盡能量轉換變化；人身上世世相續的能量；這樣的現代說法是否能被接受理解呢？）

世尊：「須菩提，別這麼說！嗯……從兩方面說：（1）一個人無分別心，就不會自我固執，不會因人而起固執，不會因萬事萬物環境起固執，

不會因時間長短變化起固執，所以此人會對待眾生如見己並以佛相待，無分別心的在無限長遠的時間無數無限大的宇宙中佈種許多善根，得受無量福德！（２）關於修行的辦法呢？過了河，船也不需帶著走吧！？況且，過河也不止於一種方法啊！如果執著於我上面說的安住與除妄念的辦法，那就落入了我人眾生壽者的固執了！」

針對弟子須菩提的問題，世尊很實際地回答了，我相人相眾生相壽者相，四相的破除，很是關鍵，有如通關密語般，不能實證，就好像做不到心的安住，消除妄想？！但，敬立在師徒兩人旁的我（還有那千二百五十人），還是要問：為何無我人眾生壽者去救度，無相佈施，會將心安住，會滅妄想？須菩提是否也不甚明白？……

關於「知我說法，如筏喻者，法尚應捨，何況非法。」亦適用於任何階段的修行者：一般過來人喜以自身經驗去指導，甚至否定後人，在無量無數無邊的疆界，過了河的人亦不需堅持別人如何過河的辦法！

我與人，眾生，環境，時間有超越覺知的關係，以下詩文摘自《心瑜珈》一書，闡述「我人眾生壽者」的無法覺知中的無法分別關係。

說謊 或 瘋狂 心瑜珈 之一式

產生對自己
慚愧　害羞　高傲的　初始
是
世間智之蘋果
造成　我　與　本我

你　與　在南極海中的一只水母
有
超越意識的　能量交流

生命的各種學習進化
從
覺知　與萬事萬物的關係
不管好壞

為什麼是如此的結果
答
那樣的結果也存在
為的是　去經驗差別

恐懼　改變了平衡狀態

如果說 那來自
心的外在
一定是 說謊 或 瘋狂

人生的最終極修行
不是解脫
而是 無上智慧

註：量子力學方程式，Schrodinger Equation，描述
二個粒子，一在月球一在地球，為在同一系統，一
個受力改變，另一個也會被影響。另外物理學家
Hugh Everett 解釋量子力學，說明有多個重疊世界
存在。

文 / 摘自徐明武著《心瑜珈》第九十六式

$$\frac{h^2}{2m}\frac{\partial^2 \Psi(x,t)}{\partial x^2} + V(x,t)\Psi(x,t) = ih\frac{\partial \Psi(x,t)}{\partial t} \qquad (5\text{-}22)$$

This differential equation satisfies all four of our assumptions concerning the quantum mechanical wave equation.

It should be emphasized that we have been led to (5-22) by treating a special case: the case of a free particle where $V(x,t) = V_0$, a constant. At this point it seems plausible to argue that the quantum mechanical wave equation might be expected to have the same form as (5-22) in the general case where the potential energy $V(x,t)$ does actually vary as a function of x and/or t (i.e., where the force is not zero); but we cannot prove this to be true. We can, however, *postulate* it to be true. We do this, and therefore take (5-22) as the quantum mechanical wave equation whose solutions $\Psi(x,t)$ give us the wave function which is to be associated with the motion of a particle of mass m under the influence of forces which are described by the potential energy function $V(x,t)$. The validity of the postulate must be judged by comparing its implications with experiment, and we shall make many such comparisons later. Equation (5-22) was first obtained in 1926 by Erwin Schroedinger, and it is therefore called the *Schroedinger equation*.

Schroedinger was led to his equation by an argument different from ours (and more esoteric). We shall see the essential ideas of his argument in Section 5-4. However, he was as strongly influenced by the de Broglie postulate in his work as we have been

薛丁格方程式 於 1926 年發表

修鍊問題：

6.1 心目中雇主與員工的關係？

6.2 對待關係不平等時如何調適？對方是強者/弱者呢？
（例如：有一設備的客戶，設置好設備又百般挑剔不
付貨款？）

外章第一節 問題總匯與解釋

想像寫在貝多羅樹葉上的金剛經,經中的深義如葉脈條理分明的依次顯現……從第一章乞食遊行開始,佈施,眾生關係,誰是如來,終極的安住,智慧,捨與得的真理如能量傳遞在無盡的虛空中……

到第二章須菩提問:起心要修行,動念要得到無上平等正覺之法;引出真正要得的,不是法也不是非法,而是智慧,非常,非非常的智慧。

在本〈外章第一節〉利用世尊與須菩提精彩
問答的空檔，為讓邏輯釐清，整理歸納，聽聞到
的疑問如下：

1. 如何降伏心安住心？如何消除妄念？
2. 為什麼要認識眾生？
3. 為什麼要救度眾生？
4. 為什麼要無相佈施？
5. 我有能力？資糧？
6. 為什麼無相布施，得福德不可思量？
7. 為什麼無相布施，得福德不可思量，是安住辦法？

　　世間人，身心行為的程式指令總是：來去坐
臥，之前之後之間，總考慮要得到甚麼！若得到，
也要分別，也要執著；若得不到，更會分別執著！
如能止於不分別，即是上了層次免於煩惱。若能

不動念，而無念，近乎禪矣！如果人的心，歲歲年年，以以下的程式流程運作，可以想像，將是與時愈亂！

[起心→動念（妄想）→ 分別→執著]

推演前章，世尊所說，應是要人在起心動念中，將世尊所說的救度佈施方法，潛移默化嵌入到人的一般行為中，而得到心的安住，消除妄想。

既然會起心，起如何心呢？

起心，無非產生「我」與「眾生」的分別，理解了在可覺知之外的「我人眾生壽者」密切不可分別的關係，體悟眾生與我皆同，自然生出善心與慈悲，將「我」與「眾生」合為一，而會去

救度！但是在救度，佈施時又有了分別心，我有資糧嗎？人比我優越何需我佈施呢？事前或事後想到回報？想到自己的功德嗎？

所謂無相佈施，即使是以物質金錢去佈施，也是一種無相佈施，因為心已與這份物質金錢完全地「斷捨離」，因為連佈施這樣的想法都沒有！對無形有形的「有」真正斷捨離去佈施，即是無相佈施！因我即眾生！「無住相佈施，福德亦復如是不可思量。」行了「佈施」後，無論是有相無相，均即生了宇宙能量的波動！

回想第一章，觀看托缽的行列，會心想、猜測、等待那一位是世尊？相對於旁邊的行乞者，人們會起分別心嗎？隨著投入缽中的是佈施者的甚麼意念呢？

既然會動念（想得），要動何種念呢？

　　人的行為習性，不管想不想，都會求，要得到甚麼！無相佈施會得到無量福德？在第四章中解釋了福德，廣大無量無邊！又無有一物！甚麼是福德（guna）？功德（punya）？（註外 1.1）福德 Guna 梵文，意即：根 root，線 strand，連結的束；簡要說福德即是因果，無量無邊，又空無一物，等待各種因緣的觸發作用！第六章中說，於無量千萬佛所種善根，會得到（四維上下虛空不可思量）無量福德！福德，是一種波動能量，從無始即發生，與其他後續產生的波作用交換，合成，共振，折射解析……持續到無盡，是變化的因果，是會變化的印記！

　　如果不稱為「福德」的能量波動，同理也是從無始即發生，與其他後續產生的波作用交換，

合成，共振，折射解析……持續到無盡……。

　　所以，從起心、動念，理解身心行為與後果的相互關係，即使還存有相的分別，會稍停止妄想，不再擔心後果好壞得失，會稍減、甚至釋放了執著，結果心安住了，也將心的妄念消除了！

　　如果把世尊之前所說，以上面的解釋重新白話說一次，世尊好似轉頭對著恭敬在旁的我說：「起心動念，皆是要能除去諸相的分別、妄想的執著，自己即是眾生，起慈悲心去救度眾生，能斷捨離的去佈施，當中會有不可思量的福德（因果／印記）。如此發心修行，看到如此福德（因果）將在無限長的時間中發展的力量！即不會妄想，因緣終有觸發的時候，如此聞思修／戒定慧，即能安住你們的心，一切所作皆有不思議的成就或果業，即不須有妄念，故能滅妄念 ！」

行為程式

芽出土　攝光生根
心出念　想受思得
起初心　佈施無相
念入虛　無得福德

記：起心動念的程
式，如何控制它不生
執著？進入佈施的境
界，斷捨離樂受一切。

文 / 徐明武

註外 1.1 ： 福德，可以比喻為尚須認證的禮券；功德，已
是可兌換的禮券！ 功德內包含福德；福德內並不含功德。

修鍊問題：

E1.1 可以看出經文中問題的脈絡嗎？

E1.2 如何在與人的關係中，以人我的起心動念去相互理解
包容？

第七章 不變真理如何顯現

「須菩提！於意云何？如來得阿耨多羅三藐
三菩提耶？如來有所說法耶？」

須菩提言：「如我解佛所說義，無有定法名
阿耨多羅三藐三菩提，亦無有定法，如來可
說。何以故？如來所說法，皆不可取、不可
說、非法、非非法。所以者何？一切賢聖，
皆以無為法而有差別。」　（註7.1）

「三伏閉門披一衲，兼無松林蔭房廊；安禪不必須山水，滅得心頭火自涼。」～ 杜荀鶴，唐詩人，864 年~904 年

延續第六章「……法尚應捨，何況非法……」中的法，並經過以上的思維邏輯建立，世尊問須菩提：「你說看看，這樣我可有得到無上平等正覺智慧覺悟之道？如來有在說一個法嗎？」須菩提：「世尊！看我了解是否正確？我也不下任何一定的意思了！沒有定法！也沒有一定至高無上的智慧！一切的佛，均以不依因緣變化的法，而顯現真理不同的角度！！！」

相對而言！人想抓住一定的法則，則相當於執著的念！因為本沒有一定的法，故以心念去執著無定的法，就會執無定的心念！

例如人說啟發潛能，潛能本自俱在，不是得自外界；因此，無上平等覺悟之法本在自心，無所謂得與不得！ 自性的無上之法，隨因緣會呈現不同的相狀，一直至認識到「最終」的法，即是無「最終」之法。

如來有所說法？所說的不是未覺聽者的法！

也不是覺者的法！不是不變的法！不是方法，而是法所構成的要素與認知！

[註 7.1] 玄奘譯《解深密經》卷 1：「……『善男子。一切法者，略有二種，一者有為，二者無為。』」無為法，指不會隨因緣變化而出現、變化及消失的法，即「不生不滅、無來無去、非彼非此」之法，不依賴於外緣而存在。

曇花說法

天干地支乾坤長
因緣俱足子夜香
芬芳寂靜霎時念
花開自在無計量
潔白不沾朝露漿
成住壞空所應當
時短猶具諸相狀
風華來去本如常

記：無論何者何處何
時，生命如花，本自
風華。

文圖／徐明武

61

修鍊問題：

7.1 當您被指派去完成一件買賣談判或想要去完成一件交易時的心念？時空與人不同會有不同的想法？

7.2 日常工作除了金額的目標，還有其他會影響未來的你的內涵？

7.3 如果達不到目標，是甚麼道理呢？

第八章 宇宙行者的回饋

「須菩提！於意云何？若人滿三千大千世界七寶以用布施，是人所得福德，寧為多不？」

須菩提言：「甚多，世尊！」，「何以故？是福德即非福德性，是故如來說福德多。」，「若復有人，於此經中受持，乃至四句偈等，為他人說，其福勝彼。何以故？須菩提！一切諸佛，及諸佛阿耨多羅三藐三菩提法，皆從此經出。須菩提！所謂佛法者，即非佛法。」

"Don't judge each day by the harvest you reap but by the seeds that you plant." ～ *Robert Louis Stevenson (1850~1894, 蘇格蘭小說家，詩人)*

「莫看今日結果，但看之前所植之種子。 」

比喻來說，如若巴菲特以三千萬億美金去佈施所得福德，比不上以此經文的精神去身心力行佈施，回應的福德來得多？！原因何在？以投資學的角度來看，簡直匪夷所思：以如此多物質金錢的投入，卻比不上受持經文？難道有其他的非物質力量在一起運作？

世尊：「好！我們來說說人們關心的金銀財富！ 與所謂的福報恩德多少比較！ 如果人以充滿三千大千世界的金銀財貨來佈施，所得的福德多嗎？」

須菩提：「世尊！ 當下財物佈施交換得來的果報是多的！ 但這當即的交換並非是福德的真性！ 我知道了，不分別，不執著！福德隨因緣變化，才是如來的所謂福德！福德在無量無數無邊的因緣變化中，樣貌是很多種類的⋯⋯。」

世尊：「如果能理解此經文的義理並在行走

坐臥中實踐，所種下的種子，所觸發福德會較前面以金銀財貨佈施者多！」，「所有成佛者皆此以理為本！ 但若說這是成佛之法，立即就變成不是成佛之法！」

　　種子、因果，也即是印記！微小種子，經過豐富的水土陽光滋養，可以產生移動大山的威力！在此章，世尊是第一次，告訴善男子善女人，此經典之巨大威力！任何的福德要在無限長的時間與無數無限大的空間中觀察！即是在悟道的路上，行修在無上道法的路上來觀察福德的大小、多少、巨微！至於路的長短、相狀，因行修者的因緣不同而各異。

悸動

多少種書 就有多少種閱讀
多少個日子 就有多少個心得
多少次相遇 就有多少次輪迴
多少回悸動 就有多少回觸及真理

文 / 徐明武

修鍊問題：

8.1 您的人生輸贏是怎麼定義？蓋棺論定是誰來論定？

8.2 我們說吃虧就是占便宜，舉例？

8.3 高薪高福利是一定的吸引人才好策略？ 策略制定者與
　　 執行者的心念才是價值的核心？

第九章 行者的位階

「須菩提！於意云何？須陀洹能作是念：『我得須陀洹果』不？」

須菩提言：「不也，世尊！何以故？須陀洹名為入流，而無所入，不入色聲香味觸法，是名須陀洹。」

「須菩提！於意云何？斯陀含能作是念：『我得斯陀含果』不？」

須菩提言：「不也，世尊！何以故？斯陀含名一往來，而實無往來，是名斯陀含。」

「須菩提！於意云何？阿那含能作是念：『我得阿那含果』不？」

須菩提言：「不也，世尊！何以故？阿那含名為不來，而實無不來，是故名阿那含。」

「須菩提！於意云何？阿羅漢能作是念：『我得阿羅漢道』不？」

須菩提言：「不也，世尊！何以故？實無有法名阿羅漢。世尊！若阿羅漢作是念：『我得阿羅漢道』，即為著我人眾生壽者。世尊！佛說我得無諍三昧，人中最為第一，是第一離欲阿羅漢。我不作是念：『我是離欲阿羅漢』。世尊！我若作是念：『我得阿羅漢道』，世尊則不說須菩提是樂阿蘭那行者！以須菩提實無所行，而名須菩提是樂阿蘭那行。

"Energy doesn't communicate in English, French, Chinese or Swahili, but it does speak clearly." ～ Elaine Seiler

伊蘭‧沙勒，《Multi-Dimensional YOU》一書作者：「能量不會用英語、法語、中文或希瓦錫利語溝通，但能量本身卻表達非常清楚。」

將經文內容以表列出如下，是思考與比對後的覺知：

小乘果位	名稱	內涵	相對應心經的境界
初果	須陀洹	入流果，悟道斷除三界偏見	色不異空。空不異色。色即是空。空即是色。受想行識。亦復如是。
二果	斯陀含	往來果，悟道斷除人性煩惱	是諸法空相。不生不滅。不垢不淨。不增不減。是故空中無色。無受想行識。無眼耳鼻舌身意。無色身香味觸法。無眼界。乃至無意識界。
三果	阿那含	不來果，悟道斷除俗界惑見	無無明。亦無無明盡。乃至無老死。亦無老死盡。
四果	阿羅漢	無生果，入涅槃不再生死輪迴	無苦集滅道。無智亦無得。以無所得故。菩提薩埵。依般若波羅蜜多故。心無罣礙。無罣礙故。無有恐怖。遠離顛倒夢想。究竟涅盤。

各種修行的果位，也不過是名相！修行者的能量狀態即是實相！甚麼是能量狀態？是言語與科學能形容之外的一種令人感動與光明的狀態！

　　因為成就最高的修行，是眾生的終極目的，遲或早，是福德觸發的結果，最後終將因緣俱足。我們知道了須菩提的修行在阿羅漢的位階，但須菩提說：「我沒有這樣的想法！我沒有這樣去修阿羅漢的想法！」小乘的果位是否相對應於《心經》中「心」字前後的各修行境界？（請參考〈附錄一：心經密碼〉）。

　　若人皆有佛性，人人自性中皆有各個果位的芽胚，因緣觸發，只是等待俱足的時機；沒有位階的高低分別心，境界不同，只是因緣俱足的時機不同，如原子量能階，受到激發可以跳躍到不連續的更高能階。

兔子的角　心瑜珈 之一式

大水之名為　江
高聳入雲之　凝土
稱之　山
千古多少豪傑英雄
情繞江山

然　江山一切
只是
物質另一形式的存在

情緒激動如　江浪翻滾
困難障礙如　五岳難攀
一切也是　自身創造的名堂

如　兔子的角
以清虛心
消除
慣性創造的　虛幻夢想
正對負能量的風暴
認清
只是　自身意識的無明波動

見　真實原相
入　不驚不懼的平靜

文／摘自徐明武「心瑜珈」第三十式

修鍊問題：

9.1 企業評比人才的標準？學歷、經歷、人生事件、伴侶、
    朋友、興趣、專長？團隊中不同角色的甄選是否要看
    不同的條件？　如何從資料中看出人的本質？

9.2 名相在社會中的影響力？

佛告須菩提：「於意云何？如來昔在然燈佛所，於法有所得不？」

「世尊！如來在然燈佛所，於法實無所得。」

「須菩提！於意云何？菩薩莊嚴佛土不？」

「不也，世尊！何以故？莊嚴佛土者，則非莊嚴，是名莊嚴。」

「是故須菩提，諸菩薩摩訶薩應如是生清淨心，不應住色生心，不應住聲香味觸法生心，應無所住而生其心。」

「須菩提！譬如有人，身如須彌山王，於意云何？是身為大不？」

須菩提言：「甚大，世尊！何以故？佛說非身，是名大身。」

第十章 巨大的神聖塑像

「善知識，自性能含萬法是大，萬法在諸人性中。若見一切人，惡之與善，盡皆不取不捨，亦不染著，心如虛空，名之為大，故曰摩訶。」～六祖壇經，般若品第二

有人云此經段是金剛經最重要的章節之一，因為六祖慧能唸到「應無所住而生其心」於此開悟！為什麼六祖慧能領悟無須外力支撐，內心自然生出清淨智慧覺悟之心？為何六祖慧能可以領悟內在自有的強大力量？內在力量何來呢？「應無所住而生其心」這句話可以白話譯為：「認識到，不須任何的依靠，才是真正的最強大的依靠。」修清淨，明心鏡，有易於見到自性！因為內在強大的力量即在自心，即使一瞬間的撥雲見日，亦有機會讓它顯現。

世尊：「你說呢，如來曾在過去佛, 燃燈佛那兒得到甚麼法嗎？」

須菩提：「各種修行的果位，也不過是名相！所以得法也只是名相！因為法在自性！」

世尊：「須菩提，菩薩能使佛土更莊嚴嗎？」

須菩提：「佛土在何方呢？自性即是佛，佛土在眾生心中阿！不會因為人的修行而使佛土變得更加莊嚴，如此認識才是增加其莊嚴！」。

　　世尊：「如前所言！起救度佈施心，消除妄想，不執於色相名相，反生清淨心！」「如果有人，身形外相像須彌山一樣巨大，是否是大？」

　　須菩提：「大，世尊！弟子知道，佛說的不是外在的身形外相，所謂大也只是名相，佛說的是能夠影響自性的巨大的那一個修行的『法身』！」

　　「佛說非身，是名大身」，使人不得不聯想各寺廟裡所立的巨大塑像……瞻仰巨大的佛像，感受的是巨大本身？還是，法身修行的成果令人覺得偉大？曾見有虔誠的修行者敬拜的佛像特別微小袖珍是著意於敬拜修行的法相啊！表相是參雜了眾多的相的結果，六祖心入清淨，得以窺見真正的相！

　　「於法實無所得」、「莊嚴佛土者，則非莊嚴」、「應無所住而生其心」、「佛說非身，是名大身」，正即是「空法、空性、空心、空身」指的均是自性本俱的法相。

光明見正大

巨大山川海洋　若沒有光
不會令人　讚嘆謳歌
宇宙各銀河系　若沒有光
冷寂死靜　了無生機
覺者的巨大　在於光照於人
悟者的莊嚴　在於莊嚴自性
正見與巨大　唯賴光明能顯

記：真正的悟者，散出的悟性光明能量
能令見者見到自性。

文 / 徐明武

修錬問題：

10.1 如何知道負能量與正能量在企業中造成的影響？那些行為與表現是正或負？如何應對？負能量是來自哪裡呢？

10.2 業績的達成內在的意涵？有多少是正能量或有多少是負能量？如何修補造成的負能量呢？

「須菩提！如恒河中所有沙數，如是沙等恒河，於意云何？是諸恒河沙寧為多不？」

須菩提言：「甚多，世尊！但諸恒河尚多無數，何況其沙！」

「須菩提！我今實言告汝：若有善男子、善女人，以七寶滿爾所恒河沙數三千大千世界，以用布施，得福多不？」

須菩提言：「甚多，世尊！」

佛告須菩提：「若善男子、善女人，於此經中，乃至受持四句偈等，為他人說，而此福德勝前福德。」

第十一章 寶物能換取甚麼

　　在此，世尊，第二次，告訴善男子善女人，此經典之威力！在第八章中，提到以充滿三千大千世界的七寶去佈施，此章則以七寶充滿無數的恆河中無數沙數的三千大世界去佈施，比喻的級數又再升高！因為在無量無數無邊虛空中，有無數的三千大千世界，其中有無數的恆河！沙，微小而無法計數的概念，是有形的不可數。無數如沙不可計數寶物的佈施所得福德，比不上受持經文，並以自身思言行為去力行經中義理的福德？

　　這樣的論證自然無法在一個人短短的一生中，求得應證！而是在無量無數無邊的虛空流轉中才能得到應證！那麼又何以為證？下一次的流轉，

只能帶著沒有記憶的軀體再來？為什麼要再重新一次？

　　為什麼花開了要謝？因為要得著一個新的生機！

　　為什麼花沒有之前的記憶？因為沒有記憶的花，開得更燦爛美麗！

　　經文中的「沙」，此時與世界這個詞在潛意識連結在一起了！從沙到世界，世界到沙，一切是一個因緣成滅的過程，中間的成就，失敗，錢財與垃圾，均終歸為空相。

　　寶物財貨在世間可以換取現世的舒適富貴，換不到健康，換不到壽命，換不到真心……，人所周知！但是否換得到來世的健康，壽命……等等？當今卻也有傳聞富豪捐款佈施，是為了保證下次再來時能保有基本優裕的生活或成就！福德的流轉並無法由意識控制啊！沙，世界，一切思言行為的波動將不停流轉，簡單到複雜均能如金剛智慧穿透而無執著！

珊瑚

這掬沙 是沙不
是 沙
是 珊瑚
是 珍珠
心之眼 以思想的 光 聚焦放大
在 巨象的人事物下
呈現 另一實相

註：顯微鏡下，沙粒如珊瑚多彩，再放
大見美麗的原子排列閃亮折射。

文 / 徐明武

修鍊問題：

11.1 如何善用公司的錢財？比如環保？改善環境？研發？
　　……

11.2 錢在員工身上與在股東身上一樣嗎？如何將差異拉
　　近？

11.3 現代的會計系統對財務的控制是好或壞呢？

第十二章 進入莊嚴殿堂

「復次，須菩提！隨說是經，乃至四句偈等，當知此處，一切世間、天、人、阿修羅，皆應供養，如佛塔廟，何況有人盡能受持讀誦。須菩提！當知是人成就最上第一希有之法，若是經典所在之處，則為有佛，若尊重弟子。」

"So King Solomon was greater than all the other kings of the earth in riches and wisdom." ～ *The First of Kings 10:23*

「這樣，所羅門王在富貴和智慧上，超過了世上所有的君王。」～聖經列王紀上 10：23

世尊在此第三次，告訴善男子善女人，此經典之威力！如能領略經中的真義，誦讀時就如進入神聖莊嚴的殿堂，那時所有的神，人都要虔誠恭敬！在第十章中有此一問「菩薩莊嚴佛土不？」聆聽到此，發覺答案竟在此處！經過先前的鋪陳完畢，才能有感地領略所說的道理！無人我的修行分別心，最終才能進入莊嚴神聖的殿堂！尋找所羅門王的宮殿寶藏嗎？這寶藏無它，即是智慧。然，真正的智慧在自性的覺悟。金剛經中的非世間智的智慧即將在下一章中顯現。

莊嚴印心 ~西藏江孜白居寺

我來
見到慈悲與智慧
渺小的我如何能創造這一切心的
莊嚴
若不是相應而印
我來
無增無減於一切
卻因緣生起於無量無數無邊心的
波動
若不是如來本俱

文圖 / 徐明武

修鍊問題：

12.1 小老闆因為認為同事的語氣不尊重他而動了怒？將
　　　您工作內容做了私心的調整，您如何應對？

12.2 您對公司的獎金不如預期而抱怨嗎？

第十三章 三十二張名片的智慧

爾時，須菩提白佛言：「世尊！當何名此經？我等云何奉持？」

佛告須菩提：「是經名為《金剛般若波羅蜜》，以是名字，汝當奉持。所以者何？須菩提！佛說般若波羅蜜，則非般若波羅蜜。須菩提！於意云何？如來有所說法不？」

須菩提白佛言：「世尊！如來無所說。」

「須菩提！於意云何？三千大千世界所有微塵是為多不？」

須菩提言：「甚多，世尊！」

「須菩提！諸微塵，如來說非微塵，是名微塵。如來說：世界，非世界，是名世界。」[註：13.1]

「須菩提！於意云何？可以三十二相見如來不？」

「不也，世尊！何以故？如來說：三十二相，即是非相，是名三十二相。」

「須菩提！若有善男子、善女人，以恒河沙等身命布施；若復有人，於此經中，乃至受持四句偈等，為他人說，其福甚多！」

蘇格拉底：「當我們了解我們對生命，我們自己，及我們周邊的世界所知甚少時，我們才臨見真正的智慧。」

須菩提覺得以上所說經文太精妙了！故問：「世尊，這經文要如何稱名呢？要如何去遵奉敬持？」

這是須菩提在金剛經中所問七個問題中的第三個問題，正式將此甚深經典命名為《金剛般若波羅蜜》。在此經段中第一次出現了般若（智慧）二字。得到了智慧，即要如金剛般，迅猛能斷，意識到所有的事物皆是無定無恆，不須執著、不須妄想，般若波羅蜜不須就是般若波羅蜜，因為不須固執於一定稱其為智慧覺悟之法，這才能稱為「金剛般若波羅蜜」，也就是「金剛般若波羅蜜」指的是，般若波羅蜜不是般若波羅蜜！若執著，被限制了思維，就不是「金剛般若波羅蜜」。

世尊：「那麼，我有說甚麼覺悟成佛之法嗎？」

須菩提：「世尊，如來沒有說覺悟成佛之法是如何一定之法！」

承接之前，世尊以恆河沙作比喻，此經段提到「微塵」！ 世尊問：「三千大千世界中的微塵多嗎？」

須菩提：「好多啊！ 世尊。」

世尊：「哈哈哈……，我指的微塵，並不是你認為的微塵啊，美人，金錢，房屋，車馬……都是微塵啊！所以如來說的微塵多，不是你說的微塵多！當然，如來所說的世界，非每個人心中自我所想的世界，這即是真的世界！」

此章節中，用比沙更小的微塵來與世界連結；微塵，沙，世界之間的關係？世界如微塵？抑或微塵如世界？簡單與複雜，珍貴與不珍貴，均不執著，得到智慧後，能如金剛鑽石光芒般穿透簡單到複雜人間苦樂。金剛經文後段中有類似的問題，參考第三十章：「……是微塵眾，寧為多不？」在第三十章中，世尊以當頭棒喝方式，使人頓悟「我執」的根深蒂固！

古經典如聖經，亦提到微塵！要多少劫數，塵才凝結為沙，碎裂又結合，反復……，最終成

為世界，成為人，流轉，修行，成佛⋯⋯？

世尊再問：「人都說如來有三十二種身相，可據以判定是如來？」

須菩提：「不行的！如來所說的三十二相，是要人排除看見三十二相的妄想，才說的三十二相！」

世尊之前所說以金銀財寶佈施，現在則說以像恆河裡無數的沙數之身命來佈施，想像塵、沙、世界這樣長久的流轉！這是好多世的身命啊！

在此第四次，世尊告訴善男子善女人，此經典之威力；連以累世累劫的身命佈施，所得福德，皆不及受持金剛經為他人說！如何為他人說呢？行走坐臥皆是說啊！至此，佛已說明金剛經前半段的理！接近要做階段性結論⋯⋯。

[註:13.1]「如來說：世界，非世界，是名世界。」如果認同了這物質的世界是唯一的世界運作模式，無法看見到另外世界的運作模式，則人們將只生死在這樣的自我的世界。如沙的無數世界，是修行者不斷可以得到啟發智慧覺悟之處。

三十二張名片

敬他
他有 32 張公司名片
面對華貴的名銜
能看見當下　他　還是自己的本性？

尊他
他具 32 種高級位階
想像威嚴的權貴
能感受當下　他　還是自己的本性？

記：經云「不也，世尊，不可以
三十二相得見如來……」，「不應以
三十二相觀如來……」。

文 / 徐明武

修鍊問題：

13.1 「Zero Limit」的意思？

13.2 看見了公司的良率不高，如何處理？人、機、料的環節之外的因素呢？

第十四章 感動的眼淚

爾時，須菩提聞說是經，深解義趣，涕淚悲泣，而白佛言：「希有，世尊！佛說如是甚深經典，我從昔來所得慧眼，未曾得聞如是之經。世尊！若復有人得聞是經，信心清淨，則生實相，當知是人，成就第一希有功德。世尊！是實相者，則是非相，是故如來說名實相。世尊！我今得聞如是經典，信解受持不足為難，若當來世，後五百歲，其有眾生，得聞是經，信解受持，是人則為第一希有。何以故？此人無我相、人相、眾生相、壽者相。所以者何？我相即是非相，人相、眾生相、壽者相即是非相。何以故？離一切諸相，則名諸佛。」

佛告須菩提：「如是！如是！若復有人，得聞是經，不驚、不怖、不畏，當知是人甚為希有。何以故？須菩提！如來說：第一波羅蜜，非第一波羅蜜，是名第一波羅蜜。須菩提！忍辱波羅蜜，如來說非忍辱波羅蜜。何以故？須菩提！如我昔為歌利王割截身體 [註 14.1]，我於爾時，無我相、無人相、無眾生相、無壽者相。何以故？我於往昔節節支解時，若有我相、人相、眾生相、壽者相，應生瞋恨。須菩提！又

念過去於五百世作忍辱仙人，於爾所世，無我相、無人相、無眾生相、無壽者相。是故須菩提！菩薩應離一切相，發阿耨多羅三藐三菩提心，不應住色生心，不應住聲香味觸法生心，應生無所住心。若心有住，則為非住。」

「是故佛說：菩薩心不應住色布施。須菩提！菩薩為利益一切眾生，應如是布施。如來說：一切諸相，即是非相。又說：一切眾生，則非眾生。須菩提！如來是真語者、實語者、如語者、不誑語者、不異語者。」

「須菩提！如來所得法，此法無實無虛。須菩提！若菩薩心住於法而行布施，如人入暗，則無所見；若菩薩心不住法而行布施，如人有目，日光明照，見種種色。」

「須菩提！當來之世，若有善男子、善女人，能於此經受持讀誦，則為如來以佛智慧，悉知是人，悉見是人，皆得成就無量無邊功德。」

「*若老、病、死世間無者，如來應正等覺不出於世，為諸眾生說所證法及調伏事。*」～佛說無常經

　　阿羅漢須菩提聽完了講述，深解義趣，不禁痛哭流涕：「現在我聽了世尊說經而信，若將來有人聽聞了此經，信心深入清淨，不執著於相，那些人會得到第一珍稀的功德！」

　　「功德」在此經段第一次出現，可以知道當時鳩摩羅什法師是多麼地精心斟酌所譯的文字！直到「深解義趣」的信實，才生出功德。自此，世尊說：「如是、如是……」也隨著須菩提稱依金剛經義理所行產生的結果可稱為「功德」。

　　世尊：「如果執著於『第一』則非『第一』，如果執著於『忍辱』則非『忍辱』，因為在起心動念時即有了分別。」；「當我受到肉體的屈辱，痛苦，折磨時；因為我知道這一切是有先前的原因，造成的果，我雖然看到了這殘不忍睹的苦相，但我沒有受相！不會怨恨、痛苦！我沒有我、人、眾、壽者，諸相的分別，我與所有的我人眾壽者都有關係，我已超越了分別心的有！」

　　世尊：「我的覺悟之法，看得到摸不到，聽

得到看不到，聽不到感受得到，感受不到卻是有，所以，菩薩們不要執著於相，固執於法，如此斷捨離去佈施（行住坐臥），即可見金剛能斷的光芒照見真相，會利益所有的眾生！但如果有利益眾生的想法，則不是利益眾生了！如來說一切諸相都不是真實的相；又，所說的眾生，並非是懷有分別心所說的眾生，因為眾生們也都終是菩薩；如來所說唯真、唯實、從一而終。」

世尊：「須菩提！如你所說，將來有善男子善女人能信受奉持此經義理，將在無限長的時間無限大的空間中得到功德！」

在無限長的時間無限大的空間中留下的印記將產生不可思議的能量！此章中，須菩提先說功德，世尊接著也以功德稱說！這是第五次，世尊告訴善男子善女人，此經典之威力。佈施時以無四相的態度去佈施，但當世尊陷入被迫害、失去自由一無所有、肉身受到凌遲時，還能佈施嗎？當我們處於困境或病痛時還能佈施嗎？此時，以愛的態度，無四相的分別心去佈施奉獻，為自己或與施加迫害者佈施吧！所以忍辱波羅蜜並不是淺意的忍辱波羅蜜！「父啊，祢如果願意，請給我免去這杯吧！但不要隨我的意願，為照祢的意

願成就吧。（路加二十二：42）」這是耶穌在被釘十字架前的祈禱！佈施亦是當成對生命、即全體的生命，所做的奉獻！

[註 14.1] 當人身或心遭遇人生最痛苦之事降臨時，絕對是一個關鍵的因緣的來到，此時也是決定心念意識所處的能階的關鍵時刻；可以是提升或依循業力，可以是開啟正量也可以是以怨相報；此時也是去成就的時刻，也是完成使命的時刻、領悟的時刻；因為發生是因緣的結果，是必然發生的事。

第五生命現象

它 立在光前 迎接我的新生
它 臨終揮手 送別我的生命
無數次出現的 它
樣貌形式 總是不一
它 是一種赤真的提醒
來自 我的
過去現在未來
經歷 它 回朔因起緣去
經過 它 得到新的開始
它 將再度向我臨終揮別
它 亦將再立在光前迎我……

記：生命五現象：呼吸，心跳，血壓，脈搏，
痛覺。宗教對痛覺有超乎科學的因果解釋。
乩身的自殘是否亦是一種神諭？絕大多數人
在痛覺中不捨地離開肉體。

文 / 徐明武

修鍊問題：

14.1 工作上的痛苦會影響生活，如何找出源頭？如何分析應對？

14.2 如何在關鍵時刻保持當時心的清明？如何能認出關鍵時刻該走的下一步？

14.3 有苦相無受相是什麼境界？

「須菩提！若有善男子、善女人，初日分以恒河沙等身布施，中日分復以恒河沙等身布施，後日分亦以恒河沙等身布施，如是無量百千萬億劫以身布施；若復有人，聞此經典，信心不逆，其福勝彼，何況書寫、受持、讀誦、為人解說。」

「須菩提！以要言之，是經有不可思議、不可稱量、無邊功德。如來為發大乘者說，為發最上乘者說。若有人能受持讀誦，廣為人說，如來悉知是人，悉見是人，皆成就不可量、不可稱、無有邊、不可思議功德，如是人等，則為荷擔如來阿耨多羅三藐三菩提。何以故？須菩提！若樂小法者，著我見、人見、眾生見、壽者見，則於此經，不能聽受讀誦、為人解說。」

「須菩提！在在處處，若有此經，一切世間、天人、阿修羅，所應供養；當知此處，則為是塔，皆應恭敬，作禮圍遶，以諸華香而散其處。」

第十五章 宇宙禮券的兌換

"One could say: ' The boundary condition of the universe is that it has no boundary. ' The universe would be completely self-contained and not affected by anything outside itself. It would neither be created nor destroyed. It would just BE." ～ Stephen Hawking

理論物理學家霍金：「可以這麼說：『宇宙的邊界條件是沒有邊界』。宇宙就好似完全自我滿足沒有外界的任何影響。這樣子既不是被創造出來的，也不是被摧毀的狀態。宇宙就是當下如是。」

世尊：「如果有人持信奉行經中義理，用讀，用寫，或用說的，所得的福報，要比用無限長的時間裡無數回的身命來佈施，來的更優勝！」「因為，此經中的義理，若有人能受持讀誦，會在無限長的時間無限大的空間中轉化為不可思議的功德！」此經段已從福德改為功德！

第十三章中曾提到：「……善男子、善女人以恆河沙等身命布施……」，經過第十四章對功德的認識，本章再次強調，對信持經文的功德要勝於以無數次生劫裡無法數的恆河沙數的身命來佈施的結果！

功德，宇宙修行者的可兌獎禮券！這禮券可以兌換甚麼？怎麼才能要到可兌獎禮券？要來做甚麼呢？不接受禮券可以嗎？在前面幾章中，提到能量波動，福德、印記，隨著個人在無限長的時間無數無限大的空間中永遠一起流轉，作用轉化為功德是能量自然的作用共振；它，要不到，也求不來！至於能量共振會帶來甚麼效應效果，也是許多能量波動在無限長時間無數無限大空間中互相作用的結果，難以預測！如量子理論，原子核中的粒子有不同的能階軌道，宇宙中亦存在不同的能量階，跨越能階時，功德的承載力量會有非人類能想像的不同運作方式！

　　回顧在第十二章中所說，如能領略經中的真義，誦讀時就如進入神聖莊嚴的殿堂，那時所有的神，人都要虔誠恭敬！在本章中比喻，進入廟堂後，進一步理解了經中論述的「功德」內涵，只要有此經典所在之處，就像是聚集功德的寶塔，要焚香敬禮。

　　再一次注意到，這是第六次，告訴善男子善女人，此經典之威力。

阿梵達 Avatar

化身
於 一個晨 一奇美造物
是 數十幾億年的神工示現
空中 傳遞交流
非意識界的資訊
流轉 昇華 而後無餘地
葉 四季持續娑婆

記：阿梵達 Avatar ，梵文：化身之意。此以
「葉」比喻「業」。

文圖 / 徐明武

修鍊問題：

15.1 要為公司種下甚麼樣結果的種子？要給它多少時間？

15.2 勞力與心力可以比較嗎？現實中，如何平衡分配如何使用？

「復次，須菩提！善男子、善女人，受持讀誦此經，若為人輕賤，是人先世罪業，應墮惡道；以今世人輕賤故，先世罪業則為消滅，當得阿耨多羅三藐三菩提。

「須菩提！我念過去無量阿僧祇劫，於然燈佛前，得值八百四千萬億那由他諸佛，悉皆供養承事，無空過者；若復有人，於後末世，能受持讀誦此經，所得功德，於我所供養諸佛功德，百分不及一，千萬億分、乃至算數譬喻所不能及。」

「須菩提！若善男子、善女人，於後末世，有受持讀誦此經，所得功德，我若具說者，或有人聞，心則狂亂，狐疑不信。須菩提！當知是經義不可思議，果報亦不可思議。」

第十六章 三千萬個世界

"The present rearranges the past. We never tell the story whole because a life isn't a story; it's a whole Milky Way of events and we are forever picking out constellations from it to fit who and where we are." ～ *Robecca Solnit*

羅貝卡（美國作家，1962）：「『現在』將『過去』重新組合。我們無從訴說整個故事，因為一個生命並非是一個故事；生命是在整個銀河系的許多事件之中的部分，我們永遠只是挑了一個星座，然後按著狀況描述我們何人何在而已。」

　　此經段中，第七次，世尊告訴善男子善女人，此經典之威力，用的是最高比較級，之前的比較，曾用三千大千世界的財富、無數不可數的三千大千世界的財富、恆河沙數的身命、無量百千萬億劫的身命……來比較，此次，以佛陀對諸佛的佈施供養來比較（故說是最高比較級），受持誦讀此經，所得功德，比佛陀供養諸佛功德還大！

　　第八章提到布施時用的是福德，在此第十六章，應已對福德與功德的理解有深入的感受。

　　經中引用的分數，百分不及一，千萬億分，

算數譬喻所不能及，令人嘆為觀止！金剛經中常提到三千大千世界，眾生是在無量無數無邊的虛空中，佛陀對所有的眾生供養佈施，佈施對象共有八百四千萬億那由他諸佛，我們來算算，目前地球總人口約 77 億（7.7X10^9），從地球有人口到現在時間共有人口數 1100 億（1.1X10^11），八 百 四 千 萬 億 的 數 字（800X4X10^7X10^8= 3.2X10^18），這八百四千萬億除以歷史總人口數 1100 億（3.2X10^18/1.1X10^11 ～ 3X10^7）等於宇宙有三千萬個地球！隱含的意思好似是佛陀對三千萬個地球的世界中無數的諸佛佈施供養過！

在金剛經的前半段（第一到第十六章），以驚奇的比喻，壯觀的數字做了結束，將讀經者的心境放大了在無限長的時間無數無限大的空間中，來往的聖者何其多？所經歷的恆河沙數、微塵（像是無數的銀河系）又是何其不勝計數！？能量的波動隨著心念，而起、而相互作用、而滅，宇宙的行者，如何前行？往何處行？

五眼

蜉蝣的眼
生生世世看見我　徘徊踩步河岸
千年獸的眼
看見我　生生世世徘徊上下河岸
大鵬的眼
看見我　行走一生一世的命途
黑白棋局圍殺的眼
看見我　人生機緣時興時滅
眾生的眼
看見我　與眾生關係萬劫的演變

文 / 徐明武

修鍊問題：

16.1 真的願意相信金剛經所說，以金錢或非金錢的資糧
　　　去佈施？不可思議功德，您想的是什麼？

16.2 為善要不為人知嗎？如何做得到？

16.3 如果公司要舉辦公益活動，您會建議甚麼活動？

外章第二節 金剛經中的數與理

金剛經中的字義所涵攝之內容遠多於文字表面所表達，經過前十六章的研讀，摘要列出以下詞句，以為說明，

- 無量無數無邊：無限長的時間內無數的無限大的空間。無量，用來述說時間兩端的無限長。無邊，無以設限的空間。

- 眾生：充塞無限時間裡無數無限大的空間。

- 三千大千世界：佛教所說的世界，佛所渡化世界；包含過去現在未來。

- 恆河沙：比喻數量極多；微塵因緣聚為沙，沙聚為世界；反之，世界，沙，微塵，終

同歸於一。

- 微塵：因緣的終極，終極的起緣。

- 百分不及一，百千萬億分，乃至算數譬喻所不能及： 經文中用以最高級的比較。在經中只出現兩次：第十六章，用來與佛陀的功德做比較；第二十四章，財寶佈施與修持《般若波羅蜜經》的威力做比較。

- 無量阿僧祇劫：無限長時間無可計算的生劫。

- 人身長大，則為非大身，是名大身；所言法相者，如來說即非法相，是名法相。……是金剛經中所用語法，「所說即非是名」，可解釋為：所稱之名，不是未覺眾生體會的所稱之名，即是所稱之名的真相。

- 如來所說三千大千世界，則非世界，是名世界：如來所說世界，並非未覺者所識之世界，這即是世界的真相。

- 八百四千萬億：$800 \times 4 \times 10^7 \times 10^8 = 3.2 \times 10^{18}$；目前地球人口 77 億 $= 7.7 \times 10^9$，地球有人類以來歷史總人口 $= 1.1 \times 10^{11}$；宇宙中有幾個世界呢？ $3.2 \times 10^{18} / 1.1 \times 10^{11}$ 約等於 3×10^7（三千萬個世界）。

- 無色聲香味觸法，無相佈施：無此六覺受所照映在心的相，要排除這心相引發的起心動念去佈施。

- 法相：可得無上法的相，如依色聲香味觸法所映照的心相而判為法相，則非法相。

- 四維上下虛空：無量無數無邊。

- 無我人眾生壽者：此四相為金剛經中所強調要排除因這四相引起的分別與執著；但在最後章節，世尊告訴覺者們連強調有沒有這四相的分別也不需要了，因為最後連「起心動念」都沒有了。

- 善男子善女子：男子女人是世間最大的意念作用力。

- 智慧：即般若，在經文中只提到要稱此經名為《金剛般若波羅蜜》。全經在其他處則對智慧無多敘述，但既然般若為其名，讀者應體認到字字句句皆為智慧之言。

- 金剛：經文中提到金剛與般若相似，既然以金剛為名，即是要能立即、迅猛、果斷、不破、堅毅地不執著於「般若波羅蜜」之意！

・佛眼：佛怎麼會問說自己有佛眼呢？！即知佛眼有所意指！不只指慈悲，指覺悟，指佛所述說的一切，尤其指：色受想行識，五蘊的識，修持提升為佛識，佛識，即悟識。人人可提升凡識（下覺）為佛識（上覺）。

・福德：梵文 Guna，(Wiki 這麼說 Like all Sanskrit technical terms, guna can be difficult to summarize in a single word. 有 string, thread or strand 串，線頭，縷之意)，故從經文的上下相關，可說是因與果的連結，是一種波動。與 Karma，因果報應，有不一樣的內涵。金剛經被指為提到福德與功德最多的經典。

・功德：梵文 Punya，(Punya is a difficult word to translate; there is no equivalent English word to convey its exact intended meaning. It is generally taken to mean 'saintly', 'virtue', 'holy', 'sacred', 'pure', 'good', 'meritorious', 'virtuous', 'righteous', 'just', 'auspicious', 'lucky', 'favourable', 'agreeable', 'pleasing', 'lovely', 'beautiful', 'sweet', 'fragrant', 'solemn' or 'festive', according to the context it is used.)，按金剛經的說法，以經文義理所行，稱為功德。福德可比擬為一張仍待認證的禮券；功德則為即可兌換的禮券。

· 菩薩：人人皆有覺悟的根性，善男子善女人稱為菩薩；在第二十八章，則特別對覺悟的菩薩所說。

· 般若波羅蜜、般若波羅蜜多：梵語翻譯的原因，二者是一樣的意思，六度波羅蜜的其中之一，以窮盡智慧之邊際，由生死之一岸到達超越生死的彼岸。

修鍊問題：

E2.1 經文中有許多非科學能直接實證的敘述，這能給我們甚麼啟發呢？與疑問呢？

E2.2 起心思去行為，動念想要得到目標，將此視為人行為模式的子程式；公司運作是否也如此？如何能讓此模式更圓滿呢？

第十七章 真行者的起心動念

爾時，須菩提白佛言：「世尊！善男子、善女人，發阿耨多羅三藐三菩提心，云何應住？云何降伏其心？」

佛告須菩提：「善男子、善女人，發阿耨多羅三藐三菩提心者，當生如是心，我應滅度一切眾生。滅度一切眾生已，而無有一眾生實滅度者。何以故？須菩提，若菩薩有我相、人相、眾生相、壽者相，則非菩薩。所以者何？須菩提！實無有法發阿耨多羅三藐三菩提者。」

「須菩提！於意云何？如來於燃燈佛所，有法得阿耨多羅三藐三菩提不？」

「不也，世尊！如我解佛所說義，佛於燃燈佛所，無有法得阿耨多羅三藐三菩提。」

佛言：「如是，如是。須菩提！實無有法如來得阿耨多羅三藐三菩提。須菩提！若有法如來得阿耨多羅三藐三菩提，燃燈佛則不與我授記：『汝於來世，當得作佛，號釋迦牟尼。』以實無有法得阿耨多羅三藐三菩提，是故燃燈佛與我授記，作是言：『汝於來世，當得作佛，號

釋迦牟尼。』何以故？如來者，即諸法如義。

「若有人言：如來得阿耨多羅三藐三菩提。須菩提！實無有法，佛得阿耨多羅三藐三菩提。須菩提！如來所得阿耨多羅三藐三菩提，於是中無實無虛。是故如來說：一切法皆是佛法。須菩提！所言一切法者，即非一切法，是故名一切法。

「須菩提！譬如人身長大。」

須菩提言：「世尊！如來說：人身長大，則為非大身，是名大身。」

「須菩提！菩薩亦如是。若作是言：『我當滅度無量眾生』，則不名菩薩。何以故？須菩提！實無有法名為菩薩。是故佛說：一切法無我、無人、無眾生、無壽者。須菩提！若菩薩作是言：『我當莊嚴佛土』，是不名菩薩。何以故？如來說：莊嚴佛土者，即非莊嚴，是名莊嚴。須菩提！若菩薩通達無我、法者，如來說名真是菩薩。

"The first question which the priest and the Levite asked was: 'If I stop to help this man, what will happen to me?' But... the good Samaritan reversed the question: 'If I do not stop to help this man, what will happen to him?'" ～ Martin Luther King, Jr.

小馬丁‧路德‧金恩是一位美國牧師、社會運動者、人權主義者和非裔美國人民權運動領袖，也是 1964 年諾貝爾和平獎得主：「牧師與肋未人的第一個問題『如果我停止去幫助這人，我會發生甚麼事？』但是這個好的索馬利亞人卻反著問『如果我沒有停止去幫助這人，他會發生甚麼事？』」

須菩提在金剛經中總共所問的七個問題，在下半段經文中，首先出現了這**第四個問題**，看似與第一個問題相似（第二章……應云何住？云何降伏其心？），實則是理解了前面的經義，再次肯定的確定問法，「云何應住？」，「為何要如此安住？才能滅心中的妄想？」世尊在第十七章中，幾乎將前面第一到十六章所講的要義重新闡釋了一次！

須菩提：「世尊！善男子善女人發了無上平

等正覺的覺悟之心，為何要如此安住心？才能滅心中的妄想？」

世尊 對這問題直接了當地回說：「男子女人發心求無上道，要這樣存心：要去救度眾生，且要當救度自己一樣！才能安住心！要發心讓眾生成佛，但卻不要如此有分別心的去想！因為……假使以人的想法，人會有辦法使眾生成佛嗎？因此若有如此分別心，想：我要使眾生成佛，即是尚未明瞭覺悟，況且佛性即在人人的自性！沒有了四相，無相救度無相佈施，自己與眾生才皆能成佛！但關於你問的問題是這樣！連要發心這樣的念頭都不要有！ 」

聆聽佛陀與須菩提的對話，到現在可以發覺有一個邏輯在發生，敘述方式從：①如來有得法嗎？②如來有說法嗎？（第七章 如來得阿耨多羅三藐三菩提耶？如來有所說法耶？）③如來於法有所得？（第十章 於法有所得不？）④如來所得無實無虛（第十四章與第十七章 此法無實無虛）到 ⑤如來實無有法得！（第十七章 實無有法佛得阿耨多羅三藐三菩提）。

試將以上的邏輯以另種現代白話方式的說法對照：①有得到那物？②有說那物是什麼？③有

那物可以得？④得到的是在無實無虛中⑤所謂得與那物實在沒關係！

　　此邏輯即是：先說明、建立、再以推翻來說明，再建立！也似經文中常用的金剛經的典型構句：所言、即非、是名！

　　對於鳩摩羅什法師的譯經之神妙實在讚嘆！雖說了卻又沒說，雖然不清楚卻很明白！以其對世尊所說義理非常精解信實，故能明白地以漢文翻譯流傳於世。從第十七章開始，注意到句中許多「法」字出現，強調「法」的本質，即覺悟之道的非世間智的本質。

　　世尊：「因為上面的邏輯，所以一切法都是覺悟之法，但佛說的一切法，若限制於『一切法』的思維也就是執著，不限制的想法才是一切法！」

　　於無量無數無邊虛空中的修行者，即使如佛陀修行甚深，還是：「燃燈佛則不與我授記：『汝於來世，當得作佛，號釋迦牟尼。』」「來世」！第一次出現在此經段！當時看到非常驚訝，以佛陀的修行，佛陀成佛還不是當下呢！是要等待印記的自然地運作！「來世」是指還要多少劫呢？以我凡夫尚需行走過多少無量無數無邊的虛空呢？

第一章到十六章，世尊為修行者說明了，我，「凡夫」，從起心動念的理解修持，去安住心與去除妄想！但經文自下半段開始，即第十七章，起心動念的修持方式即將被新的概念取代，在本章中，如來以自身為說明，如來是連起心動念都沒有的去行救度佈施，得到安住之法！當下安住之法，即是如來之法！「如來者，即諸法如義」。「如」是「真如自性」，「來」是「未來現在過去，都是正在來之當下」……自在安住無妄想，是智慧所生處，當下智慧的悟覺，覺悟的智慧！

最後叮嚀有修持進展的菩薩，世尊說：「即使菩薩也只是名相，不可有分別與驕傲心，應無我無法！」

去西藏找金剛經・三

有慧眼 識界幻象妄念執
非具足 知無知時才是知
非眾生 空我無我慈悲識
一切法 心尺無形緣由之

記:「金剛經」種子在各空間、時間、心念
的各種因緣萌發。

文圖 / 徐明武

修鍊問題：

17.1 營運需要計畫，但是過程中會有當下的新想法，該如何取捨？

17.2 朋友借錢卻不想還，是怎樣的價值觀驅使您會走下一步？甚麼樣的修持會協助您與借錢者共好？

第十八章 五種質的提升

「須菩提！於意云何？如來有肉眼不？」
「如是，世尊！如來有肉眼。」
「須菩提！於意云何？如來有天眼不？」
「如是，世尊！如來有天眼。」
「須菩提！於意云何？如來有慧眼不？」
「如是，世尊！如來有慧眼。」
「須菩提！於意云何？如來有法眼不？」
「如是，世尊！如來有法眼。」
「須菩提！於意云何？如來有佛眼不？」
「如是，世尊！如來有佛眼。」

「須菩提！於意云何？如恒河中所有沙，佛說是沙不？」
「如是，世尊！如來說是沙。」

「須菩提！於意云何？如一恒河中所有沙，有如是等恒河，是諸恒河所有沙數佛世界，如是寧為多不？」

「甚多，世尊！」

佛告須菩提：「爾所國土中，所有眾生，若干種心，如來悉知。何以故？如來說：諸心皆為非心，是名為心。所以者何？須菩提！過去心不可得，現在心不可得，未來心不可得。」

「有肉眼 艷彩淨素藏天清；有天眼 聞思修視界延伸；有慧眼 識界幻象妄念執；有法眼 若來如去緣滅生；有佛眼 血肉之間全是眼」 ～ 徐明武〈去西藏找金剛經〉

在第九章中世尊與須菩提問答，說到行者的果位。宇宙的行者只能依那果位循序進階呢？還是可同時具有各種位階，而同時有的各位階內涵不一？如果說不能同時具有，人即無佛性存在自性中。所謂的無相，無名相，即是不受限制性的思維桎梏，掙脫入到新的境界。

接著世尊問須菩提：「如來有肉眼，天眼，慧眼，法眼，佛眼嗎？」

靜聆者如我，不禁想，這是甚麼問題啊？瞬間會過意來，既然自性中即有佛性，佛有五眼，我凡人亦應有五眼！承接前幾章的引導，我心中插話： 五眼攝對五蘊，因為五蘊，色受想行識，是構成人的覺受的基本，所以我心中如此應對：

「肉眼以見色

天眼啟神受

慧眼滅妄想

法眼以證行

佛眼開悟識 」

套用經中的句型：「肉眼者，則非肉眼，是名肉眼；天眼者，則非天眼，是名天眼……」，人人具如來智慧，提升五蘊為五眼，可以超越一般人的覺知，接近真相。

世尊與須菩提持續問答中……，沒說、沒印證、沒否定我以上的論理。卻以間接方式驗證為何提到五眼的論述。

世尊接著說：「像恆河中的沙數一樣多的恆河，其中所有的沙數的佛世界，是多嗎？」

以前的經文章節提到「世界」是指婆娑世界，現在則說佛世界，已將五蘊提升至五眼，廣義的佛世界，即是大千世界。

世尊：「須菩提，以五眼去看過去，現在，未來的佛世界的種種心念，如來都可以知道了解，因為所有的心念，都非真心念，所以稱為心念，心念即是瞬息萬變，過去現在未來都沒有停過的一直轉變中！」

無念的心念，也是一種心念，但不是我們說的心念了！是禪定嗎？一種清淨見性的境地？！

　　回顧在此章中，世尊先說明五眼內涵，再以五眼看見五蘊的如沙無數三千大千世界；三千大千世界的真相，絕不在不停變換的心念中，若覓妄想心，根本無可得其終心，所以此種心難以安住。宇宙行者，若執著於第九章的果位，則落入於相的分別；眾生皆是佛，只是因緣流轉，醒來的進程不一。五眼，即非五眼，是名五眼。

忽聽孤鴻三兩聲

這不是世界　而是許多世界
此刻不是現在　而是永恆之一
肉身不是我　而是靈魂之一
思維非真相　而是能量形式之一
現狀非現狀　而是心的感受之一
未來非未知　而是現在之一

文 / 徐明武

修鍊問題：

18.1 為什麼有人眼光獨到可以賺到錢？有些人不行？

18.2 「與時俱進」是真的不變的進化方式？如何能知變的方向？

18.3 目前可以想到在公司中可找到一個人去佈施他 / 她嗎？

第十九章 可以數的不算多

「須菩提！於意云何？若有人滿三千大千世界七寶以用布施，是人以是因緣，得福多不？」

「如是，世尊！此人以是因緣，得福甚多。」

「須菩提！若福德有實，如來不說得福德多；以福德無故，如來說得福德多。」

"Thoughts are sending out that magnetic signal that is drawing the parallel back to you." ~ Dr. Joe Vitale.

《零極限》作者，喬‧維特伊：「思想送出磁力波到宇宙中，但也吸引相同的果報回到自己。」

　　「是福德，即非福德性，是故如來說福德多」在第八章，才聽到相似的話，談到福德的本質問題！這裡直接說明，福德若是實在可以計數，凡可數的都不算多。這是在下半段，第一次提到「福德」。可以數的，不多！福德之存在，無定形狀、質相，在無量無數無邊虛空中，心念是福德的函數之一，心念改變，因果的福德也改變了！

　　世尊：「……因福德的無可說的相狀，如來說福德會因心念能量的作用是非常多的！」

　　我學習須菩提一般，敬拜於遠處，心被震響：原來先前說受持讀誦此經，比有人佈施三千大千世界七寶財貨威力還大！這威力，不在比較物質佈施力度的大小，而在於了解了宇宙運作的秘密函數～造成眼下所有現狀與影響未來的變異數～心念，如何起心動念！

　　第八章沒提到因緣，這裡提到，如有因緣得

行佈施，實在應該學習珍惜，由行佈施來喚醒心。
了然接受生老病死苦中的各種因緣，斷捨離，就
像賽跑選手，到了終點得到了掌聲；接受因緣的
禮物，將聽到神悅的禮讚！ 以下是我見臥佛的激
動感受。

臥佛

淪肌浹髓 遇見歡喜
無憂無懼 自在順應
以 肌肉與骨骼
還有 意識與靈魂
去 歡喜 順應
為人 被給予的禮物
神聽 悅境中受禮樂音

註：為人的禮物何其多！陽光、空
氣、水、花草、笑容、音樂、疲憊、
疾病……，總括為：生老病死苦。
文圖 / 徐明武

修鍊問題：
19.1 可以說出來週邊人成功的秘密嗎？
19.2 知足常樂與「捨得」之作用定律是一樣的嗎？

第二十章 心的創意

「須菩提！於意云何？佛可以具足色身見不？」

「不也，世尊！如來不應以具足色身見。何以故？如來說：具足色身，即非具足色身，是名具足色身。」

「須菩提！於意云何？如來可以具足諸相見不？」

「不也，世尊！如來不應以具足諸相見。何以故？如來說：諸相具足，即非具足，是名諸相具足。」

"All problems are illusions of the mind. ······ there are two ways of being unhappy. Not getting what you want is one. Getting what you want is the other" ～ *Eckhart Tolle* The Power of Now

身心靈導師 伊克賀‧托利 在《當下的力量》書中：「所有的問題都是心的幻象……不高興的方法有兩種，沒有得到你要的，另一種是，得到你所要的。」

顯然，聽過了經文前半段世尊的說理，世尊準備再問比第五章中更進階的問題，第五章中，「須菩提！於意云何？可以身相見如來不？」然而這裡世尊 這樣問：「須菩提，可以最圓滿的色身，最圓滿的各種相狀，判見如來嗎？」

須菩提：「當然不，世尊，因為世尊所說的最圓滿之色身與最圓滿的各種相狀，是一種比較的分別心，如此即非是最圓滿的，最圓滿之說即是認清這是一種比較分別心！」

以色聲香味觸法來覺受的並非一定是真相，因為經過「心」的工廠加工後的覺受，多變、不定、無恆，過去現在未來的批號材料日期都不同！加工過的絕不一樣！不經過「加工」，才能見到

自己的具足自在相，見如來，即是見到自在的自性真實相。此段經文延續前章，說的還是「起心動念」的作用！

　　此時，思緒從經文上暫時離開，覺受身旁桌上的沉香散發出安靜的芬芳！

差別

花　與　石
顏色　質感　價值　用途　象徵
俱然不同
壽命　亦然
而　同時俱在一張圖相
改變了差別的差別
真相　是
心　的　差別

記：　原來不同的物質將之攝像於同張圖，
結果許多特質變相同了！　例如都只是一張圖
案，但本質上石頭與花是不相同的，這是心
的對物認知變化。
文圖 / 徐明武

修鍊問題：

20.1 經政活動，商業往來，人際關係，甚至愛情，…都
　　　可以覺受到「人心的工廠」預定生產出的產品皆不
　　　同？又容易受到干擾？

20.2 如何看見營運計畫的成功機率？

「須菩提！汝勿謂如來作是念：『我當有所說法。』莫作是念，何以故？若人言：如來有所說法，即為謗佛，不能解我所說故。須菩提！說法者，無法可說，是名說法。」

爾時，慧命須菩提白佛言：「世尊！頗有眾生，於未來世，聞說是法，生信心不？」
佛言：「須菩提！彼非眾生，非不眾生。何以故？須菩提！眾生眾生者，如來說非眾生，是名眾生。」

第二十一章 無指導的指導

《道可道，非常道。名可名，非常名。》～老子
《道德經》。「任何的道理如果將它實際而微的具體
描述運用，這個道理就不能在無量無數無邊虛空中永
遠適用，永恆之道就是『非常道』。勉強以語言文字
稱名，即非能永恆存在之名。」

世尊說：「如來並沒有說那不可稱名，無定
的法，即是如此如此！ 如果有人說如來說法了，
那真是一種對佛的誹謗！」比較第七章「如來有
所說法耶？」自古聖賢敘述的真理，都呈現了不
隨因緣變化的法則，「一切聖賢皆以無為法而有
差別」；故「說法者，無法可說，是名說法」，
可以解釋為「所說的法，只是呈現不隨因緣變化
的真理，沒有什麼定法，這即是我所說的法。」

至此，須菩提聽聞以上的講論，經不住問了
第五個問題：「世尊，那麼，以後的人聽了世尊
所論述的這不可稱名，無定的法，會生相信的心
嗎？」

比較第六章中：「頗有眾生得聞如是言說章
句，生實信不？」，問的是表面的理（言說章句）；
這一章的問題背景，是聞、思之後再一次確定的

146

語氣問法（聞說是法）。

　　世尊回答：「須菩提， 有那沒有存有『眾生或不是眾生』的分別心的人會生出信心！為什麼呢？ 我說眾生，是指無眾生分別心的眾生，那些眾生是明白如來性的眾生！」。

分享

如果 一字或一句 如雨水滋潤了心
那麼那是 共同參與了玻色子的作用
如果 一字或一句 如雲飄過不留片影
那麼那是 共同享受了純清涼風
如果 一字或一句 如石入隙
那麼那是 共同承擔了宇宙的質場力
自己的呼吸 自己平靜
寧不活在 心的自在領域

註：費米子，玻色子（boson）是量子力學的
基本粒子。

文 / 徐明武

修鍊問題：
21.1 理與法如何分呢？理是方向，法是道路？公司國家
　　　定了制度，如何能運用靈活的法？誰是法的主人？
21.2 個人要修行需要如何的法？應該如何依法得法？

第二十二章 無心無念

須菩提白佛言：「世尊！佛得阿耨多羅三藐
三菩提，為無所得耶？」

佛言：「如是，如是。須菩提！我於阿耨多
羅三藐三菩提乃至無有少法可得，是名阿耨
多羅三藐三菩提。」

「著意求真真轉遠，癡心斷妄妄猶多。遊人一種平懷處，明月青山影在波。」～《濟公傳》

須菩提直率而且略帶不明的不服語氣問世尊：「世尊教導如此，明明已得無上平等正覺智慧覺悟的道了，難道沒有嗎？」，這是須菩提所提的**第六個問題**了！

第十七章中，世尊曾說：「實無有法佛得阿耨多羅三藐三菩提……」。這裡，世尊說：「無有少法可得」，更強調這「得」與「阿耨多羅三藐三菩提」，一點也沒關係！ 言下之意，世尊說的是：「我一點得阿耨多羅三藐三菩提的心念也沒有！」

世尊：「是啊！ 如來無心無念於無上平等正覺智慧覺悟之法！」

世尊：「無心無念，當下自在之法，稱為阿耨多羅三藐三菩提。」

無心無念，不起心動念，覺受領悟一切法，這種心念已不稱為一般的心念，超越五蘊的覺受。雖然金剛經，每一章（雖然是後人所分）都論及不同的題綱，但內涵均相連貫，都在描述金剛經這一哲學呈現的多立方體藝術。

自來自去

農圃小徑海岸邊
擲卷暫歇犬伴閒
自來自去籬花靜
謝落不上心念間

文圖 / 徐明武

修鍊問題：

22.1 人要立志，公司立目標，怎能無心無念?! 靈性修行
　　　與日常生活矛盾嗎？

22.2 公司與個人的終極目標是甚麼？ 可以有非名利面的
　　　目標嗎？

第二十三章 正名

「復次，須菩提！是法平等，無有高下，是
名阿耨多羅三藐三菩提；以無我、無人、無
眾生、無壽者，修一切善法，則得阿耨多羅
三藐三菩提。須菩提！」所言善法者，如來
說即非善法，是名善法。

"There is nothing noble in being superior to your fellow men. True nobility lies in being superior to your former self." ～ *Ernest Hemingway*

美國作家海明威 ：「比同儕們優秀並無任何高貴可言，比先前的自己優秀才真是優秀。」

　　第十七章，「所言一切法者，即非一切法，是故名一切法。」我註記為：「所謂一切法，不應執著於字面上一切法的說法，不分別執著的自在法，才是一切法！」

　　如果有分高下的法，產生比較心的法，即不是最高的法；比喻來說，真正的美人是，心眼中都是真善美，視所有人皆美，是為美人！

　　「善法」可解釋為：一切不煩惱，不悲苦，清淨，開悟，解脫迷惘的痛苦……之法。有善法，即有不善之法，這是心的分別所造成！ 法在無量無數無邊的眾生關係中！

　　世尊說：「無有高下，自在之法，對其中的覺受領悟來說，是平等的，所以才說是無上平等正覺智慧覺悟之法！ 以無分別四相的心，來修習一切可以得到覺悟的法，即得無上道；所謂的可

以得到覺悟的法（善法），**並不是要分別可以得到與否的法**，而是真正自性覺受的法。」甚麼是「真正自性覺受的法」？明瞭前幾章的經文：現狀與未來，分別是過去現在的狀態程式，運作發展的結果，其變異數即是「心念」。「真正自性覺受的法」即是修習安住心念的法。

於此經段，世尊為「阿耨多羅三藐三菩提」（譯為「至高無上的平等的覺悟」）的解釋正名，也為「善法」正名。

心之駕馭

幸好
眼睛只是接收構成影像資訊的器官
組成如何的影像　在　腦！
幸好
過去的任一瞬間並未消失
現在的意識與覺知
均是之前死去意織與覺知的後代！
幸好
人與人的神經系統與細胞構造相同
顯示人各自擁有更高階的管理系統！
駕馭之前　無妨認識與熟悉。

記：大腦皮質有特殊區域感知色彩、線條、水平、
垂直等；即使不需眼睛，仍可產生影像。人的意識
與覺知建立在之前的經驗，意識覺知代代相連，真
所謂剎那即永恆！人之細胞与神經構造相同，卻產
生不同的感知與心智經驗，故而有應一更高的管理
系統在自動選擇與聯結。

文 / 徐明武

修鍊問題：

23.1 世事萬法，可以比較出優劣，所造成的副效應也不同！公司的營運與個人的經營，均是選擇生存方法的結果，也即是捨與得的結果，為什麼會結果不同評價不同呢？

23.2 物競天擇是佛法嗎？修行與物競天擇的關係？

第二十四章 寶物的真正價值

「須菩提！若三千大千世界中所有諸須彌山
王，如是等七寶聚，有人持用布施；若人以
此《般若波羅蜜經》，乃至四句偈等，受
持讀誦、為他人說，於前福德百分不及一，
百千萬億分，乃至算數譬喻所不能及。」

"Thermal neutron, any free neutron (one that is not bound within an atomic nucleus) that has an average energy of motion (kinetic energy) corresponding to the average energy of the particles of the ambient materials. Relatively slow and of low energy, thermal neutrons exhibit properties, such as large cross sections in fission, that make them desirable in certain chain-reaction applications. "〜 Encyclopedia Britannica

大英百科：「熱中子，是指不受原子核束縛的自由中子，其平均動能為周邊物質粒子的平均能量。屬於低速度低能量，然而具非常大核分裂觸發機率特質，因此才能引發連鎖的核反應。」

原子核可引發核反應，但是若無適當的吸收熱中子，是不可能引發巨大的核分裂反應！即使再多的可分裂的核物質，缺乏這不大、微小的熱中子，很難有連鎖反應發生！這段金剛經文也好似比喻：再以巨大的財物去佈施，若無持有金剛經義理的「心念」，恰似微小「熱中子」（特性是能量與周邊物質平均能量相同；無我人眾生壽者的四相分別心），去佈施，很難有巨大的回應力與效果；即使沒有巨大的財寶去佈施，卻有存著許

多許多的「熱中子」的心念去佈施，其福德是沒有「熱中子」來佈施的百分不及一，百千萬億分，乃至算數譬喻所不能及！

想想看，有人一次佈施數千萬人的福德，會少於以經義受持為他人說？因果／印記種子的不可思議啊！甚麼是為他人說呢？行走坐臥皆是說！

第十六章中，「百分不及一，百千萬億分，乃至算數譬喻所不能及」這樣高階的比較，用來與佛陀的功德做比較，這裡用來比喻《般若波羅蜜經》的威力不可思議，都是最高級的比較。這裡第八次，告訴善男子善女人，經典之威力。

核融合～消失對立的世界

心瑜珈 之一式

如果
不在　人平靜內心發生
就是　大災難外在發生

潛入　意識念海
觀
心心念念浮沈　孤寂無聲
以
脈動與氣息　為力
意念與專一　為具
將
高興　忿怒　合一
痛苦　喜悅　合一
恐懼　安全　合一
愛　恨　合一

巨大的能量　釋出
消失　對立的世界
得到
原性清靜　如清蜜的泉液

從一小點
習氣核融合
擴散至軀體每一細微處

文圖 / 摘自徐明武「心瑜珈」第四十一式；核融合
的威力比核分裂巨大。

修鍊問題：

24.1 公司與個人的錢如何發揮最大的功效？在哪方面？

24.2 如何激勵自己去佈施？

第二十五章 都是如來

「須菩提！於意云何？汝等勿謂如來作是
念：『我當度眾生。』須菩提！莫作是念。
何以故？實無有眾生如來度者，若有眾生如
來度者，如來則有我人眾生壽者。須菩提！
如來說：『有我者，則非有我，而凡夫之人
以為有我。』須菩提！凡夫者，如來說則非
凡夫，是名凡夫。」

「我腳驢腳並行，步步踏著無生。會得雲開日見，方知此道縱橫。」～臨濟宗黃龍慧南禪師之「第三關」

世尊：「如來即是眾生，如來行的是當下之法，故沒有救度『眾生』的分別心；如來說『有我』的我，指的並非是凡夫之我的我，我即眾生，眾生即我；如來說凡夫，並不是說如來與凡夫的不同，是指凡夫與如來皆同！」

人人都有如來性，只是在進程上的快慢程度不同。

眾生，凡夫，都是心鏡上產生的相！ 沒經分別心「加工」過的，才是真相。說到凡人佈施的分別心，想像在第一章中，對僧人的佈施時，是甚麼心念呢？

我為誰書寫這本《金剛經中的第三聲音》？為「我」與我，終有一日「我」即是我，「我腳驢腳並行……會得雲開日見，方知此道縱橫！」

鏡像神經元

曾　是你　是他　是眾生
經　為盜　為囚　為怒神
載　五蘊　六欲　七情識
過　明滅　悟迷　千凡塵

註：1996 年發現的腦中鏡像神經元的反應，是否就
說明眾生皆同的平等。

文圖 / 徐明武

修鍊問題：

25.1 公司是否有找到一個典範的公司去學習呢？ 為什麼大部分都沒有呢？

25.2 如果大家都好公司不是更好嗎？ 無私的幫助同事的人多嗎？ 大部分人是甚麼心態呢？

「須菩提！於意云何？可以三十二相觀如來
不？」

須菩提言：「如是！如是！以三十二相觀如
來。」

佛言：「須菩提！若以三十二相觀如來者，
轉輪聖王則是如來。」

須菩提白佛言：「世尊！如我解佛所說義，
不應以三十二相觀如來。」

爾時，世尊而說偈言：

「若以色見我
　以音聲求我
　是人行邪道
　不能見如來　」。

第二十六章 自在相無須外求

「若是經典所在之處，即為有佛……」～金剛般若波羅蜜經

　　第十三章中，須菩提被問到：「可以三十二相見如來不？」須菩提說：「不也！」但經過一長段對話後，世尊問：「可以三十二相觀如來不？」此章對三十二相的哲理進一步的說明。

　　須菩提心想，不應以相見！但以心感應觀想應該可以！？但是世尊說：「**內觀之法還是不應以三十二相的分別來向外執著！**況且前面已說明無有定法，眾生皆同，**應以內觀自性是否即起如來性！**」

　　如果見到如來，看見旁邊別人，那不是如來，不是有了分別心？見如來，自心起了如來性，眾生都是如來，才是見到、觀到如來！

　　世尊接著作誦曰：「若依色身想見我，若以身、心的發聲來求我，都是人入了邪道，是不能見到如來的！」更白話的解釋這四句：「如果以表面的相狀來判見我，這是心的加工，如果身心發聲求我，持四相的執念，是人走了歧路，不能見到真相如來！」

第五章中，世尊曾作誦：「凡所有相，皆是虛妄。若見諸相非相，則見如來。」

回到第一章，您是佈施者……，在行列中，您尋尋覓覓想見如來嗎？您佈施時心中祈求的是甚麼？起心動甚麼念？是否動念想求得到甚麼？還是全然的起了如來的慈悲，無分別心，甚至自己不知自己是在佈施供養，而是看見歡喜的自己與自己一同在世間行修？

證件 ID

塵世的 ID
證明 法律的自己
更重要的是 財務 責任 關係 的聯接
自己的真實反而不重要
非塵世的 ID
非生物性相關
是 自性的多維碼

記：經云：「須菩提！於意云何？可以三十二相觀
如來不？」……。在行列中，您會在意如來何在？
見到如來在自性，眾生皆如來？

文圖／徐明武

修鍊問題：

26.1 個人有困難，會向公司請求協助嗎？為什麼不呢？

26.2 如何激發公司內的計畫與行為都是共利而無私的？
　　 如何檢視呢？

26.3 甚麼心態能接受不完美的營運成果？還是不能接受？

第二十七章 花胚何在

「須菩提！汝若作是念：『如來不以具足相
故，得阿耨多羅三藐三菩提。』須菩提！莫
作是念：『如來不以具足相故，得阿耨多羅
三藐三菩提。』

「須菩提！汝若作是念，發阿耨多羅三藐三
菩提心者，說諸法斷滅。莫作是念！何以
故？發阿耨多羅三藐三菩提心者，於法不說
斷滅相。」

"Many people in this world are still so identified with every thought that arises in their head. There is not the slightest space of awareness there." ～ Eckhart Tolle

心靈導師，《The Power of Now》作者：「世上許多人仍然非常認同自己腦子中昇起的想法，腦中沒有一絲的空間容許讓心靈覺醒。」

在本經段，世尊是以非常嚴肅的口氣述說一個極不凡的宇宙現象，每句都在開頭喚著須菩提的名，提醒須菩提注意，須菩提安靜聽受，完全沒有出聲。

世尊：「須菩提！千萬別這樣想！雖然之前所說，不以具足相見如來，就認為如來不具足相而證入無上道！」

世尊：「須菩提！千萬別這樣想！發心求無上道的人，說諸法最終是無因無果的斷滅相！發心求無上道的人，對於法，不說是無因無果斷滅相！」

須菩提靜默。我則在沉思中尋找要如何以有限的經驗來理解世尊的開導。

　　求無上道是因，證入智慧是果？還是證入智慧是因，得無上道是果？因緣早就是在無量無數無邊的虛空中，不斷觸發印記，最後成為行者的現狀，終極則是福慧具足（此章的哲理為下一章節鋪路做準備）；諸相隨因緣流轉成諸相，因緣觸發印記開花而具足。

　　諸相具足即是因緣具足；**無斷滅，即是「法」本具流轉因緣的力量，永遠不止不息！**

　　因緣具足，則諸相具足，人人可以成佛，透視因果。

無斷滅

枝上斜下山櫻花
幾枝不開葉婆娑
終有風雲地氣化
芽出綠麟展風華

記：經云：「……發阿耨多羅三藐三菩提者，於法
不說斷滅相。」花朵長出於枝頭、分枝處之花芽；
花芽基因都在，氣候、溫度、營養……影響花芽的
萌生；追求智慧開悟之法，如花生長位置，自在自
性，只要因緣具足，花開花謝只是轉化，不會斷滅。

文圖 / 徐明武

修鍊問題：

27.1 努力工作的結果不如預期，如何避免消極？

27.2 如何加速良性循環？或持續增加正能量的存在？

第二十八章 福慧具足

「須菩提！若菩薩以滿恆河沙等世界七寶持用布施；若復有人知一切法無我，得成於忍，此菩薩勝前菩薩所得功德。何以故？須菩提！以諸菩薩不受福德故。」

須菩提白佛言：「世尊！云何菩薩不受福德？」

「須菩提！菩薩所作福德，不應貪著，是故說不受福德。」

"And behold, I tell you these things that ye may learn wisdom; that ye may learn that: 'When ye are in the service of your fellow beings, ye are only in the service of your God.'"~Mosiah 2:17

摩爾門經：「告訴你們這些事以便你們得智慧：當你們為人群服務時，你們即在與宇宙的主宰服務中。」

回顧上一次世尊比較七寶佈施，在第二十四章，「……如是等七寶聚，**有人持用佈施，**……於前福德，百分不及一……」；在此經段，則用的主詞是「**菩薩**」，也是在金剛經下半段中，第一次提到「**功德**」，也是唯一的一次！**可見此經段的殊聖**，內容所要描述的對象，絕非普通的修行者！是已具菩薩性的行者。

可見菩薩還是有比較位階的嗎？如果以前章的義理思想，就不應該如此夾帶比較心的想法，人人具佛性，何況菩薩！只是因緣具足的時候有先有後。

世尊：「菩薩應無我，認識自性不增不減，

不垢不淨的自在法（無生法忍），如此比用無數世界七寶佈施所得的功德還更殊勝！為什麼呢？因為覺悟的菩薩能超越佈施與福德的作用！」

此時大阿羅漢須菩提聽了關於「菩薩」與「福德」的說理，是因為自認為自己是「菩薩」位階呢？還是起慈悲心為諸菩薩而問？

須菩提：「世尊，為何菩薩不受佈施與福德的作用？」（我的執心感覺，覺得須菩提的口氣有些不服或無奈驚訝？）

這是須菩提在金剛經問的**第七個問題**的也是最後一個問題！

世尊回覆說：「須菩提，菩薩理解『佈施與福德』的法，但不應貪愛執著於『佈施與福德』這樣的道法，所以說不受福德。」

此經段前已說覺悟的菩薩所作是功德，所以再次強調不應貪愛執著於如此的佈施法門，要更超越！

聽到世尊如此教導，有如醍醐灌頂般，想到佛陀福慧雙修，稱二足尊，菩薩更有機緣修慧，明瞭因緣修持。能量階不同，量子排列與場域也不同！有云：「修福不修慧，大象披瓔珞；修慧不修福，羅漢托空缽。」

理想的翅膀

如果你有一雙翅膀！
甘如鴨滑水　或如鷹遨翔
如果你有一身麟甲
甘為應呼蟲　或如蛟龍飛
如果你有一張口
如果你有一雙手
如果你有一人身
如果你有一捧心
是否該乘理想的翅膀　飛翔？

記：《大般涅槃經義記》：「一佛出世難，二得人身難。」

文 / 徐明武

修鍊問題：

28.1 公司每年要晉升人員或為員工加薪的方式，是否有更好的鼓勵方式？

28.2 如果您來定義高階主管的責任與貢獻？

第二十九章 行者的蒲團

「須菩提！若有人言：如來若來、若去、若
坐、若臥，是人不解我所說義。何以故？如
來者，無所從來，亦無所去，故名如來。」

"It is not uncommon for people to spend their whole life waiting to start living." ～ *Eckhart Tolle*

　　心靈導師：「這是如此的普通的狀態，人們花一輩子的時間要等待生活的開始。」

　　世尊：「須菩提！如有人說，如來，來時呢？去時呢？坐時呢？或，臥時呢？甚麼時候證法？是人不了解我所說的義理。如來的當下之法，沒有來，沒有去！只是當下！所以說是如來之法。」

　　行者的蒲團是將心坐在當下，無論來無論去，無論坐無論臥！

來去坐臥～ 移除限制性思維

陷於 有形無形的
狀態穩定 或 無邊消耗
日益精進 或 無功徒勞
覺知為一種 限制性思維
翻越 此限
無強無弱 無貴無賤 無時空

記： 經載，無所來去，無坐臥，無我人眾壽者。

文 / 徐明武

之前之後　心瑜珈 之一式

遇見前　遇見後
愛上前　愛上後
發生前　發生後
重病之前　之後

生命　可說是由許多
之前之後
譜成的樂章

總是　在處理另一
之前之後　時
最終　的
之前之後
就悄悄來到

金剛經 說
如來者 無所從來 亦無所去 故名如來

活在當下
生命 即如初生嬰孩
當下為真 無來無去
見 雁去 花落
享受 感受不再

每一念
都成 之前之後
隨時覺知
不停留在 之前之後

文 / 摘自徐明武《心瑜珈》第七十四式

192

修鍊問題：

29.1 哪一類的事情適合及時行動？

29.2 為何要活在當下？如何定義？之前之後都不存在嗎？
　　舉例「當下之法」？

「須菩提！若善男子、善女人，以三千大千世界碎為微塵，於意云何？是微塵眾寧為多不？」

須菩提言：「甚多，世尊！」「何以故？若是微塵眾實有者，佛則不說是微塵眾，所以者何？佛說微塵眾，則非微塵眾，是名微塵眾。世尊，如來所說三千大千世界，則非世界，是名世界。何以故？若世界實有者，則是一合相。如來說一合相，則非一合相，是名一合相。」

「須菩提！一合相者，則是不可說，但凡夫之人貪著其事。」

第三十章 微塵碎裂法

愛因斯坦：「這世界是我們的想法思維所創造出來的，除非我們的想法改變，我們感知的世界才會改變。」

世尊：「須菩提，如果男子女人將三千大千世界碎裂為灰塵，那灰塵多嗎？」

須菩提的回答可多了許多話：「很多啊！世尊，因那灰塵多到已無法實際描述，世尊才說是微塵眾；但佛說的微塵眾……將世界碎裂後的微塵，指的並非是數量上的多，是指那微塵中含的多到不可數的三千大千世界的所有五蘊，六慾七情，歡笑痛苦，房屋寶物，六道輪迴……等等等，眾多的因緣！所以世尊所說的三千大千世界，不是狹隘世界的概念，是要超脫五蘊認知覺受才能感悟的世界。因為可以實際覺受的世界，是眾多的相的集合，如來所說的眾多相的集合，不是可以五蘊覺受理解的眾多相集合的概念，是超越這五蘊集合的概念的集合！」

世尊好似對須菩提的回答非常認可！在旁聆

聽的我，則靜默專心以自己的話記下所能理解的！

此時，世尊說話了，也好似對我的紀錄有所認可，也好似批註，也好似釐清：「**須菩提，那諸相的集合，難以說明，但有未覺凡夫之人偏愛只說自己所覺受認知的內容！**」

第五章中所說，「見諸相非相，即見如來。」如來即是真相之意。

閉上眼睛，想像你的世界碎為微塵……你還看到微塵多嗎？自己早已不存在，哪裡能看到灰塵多不多？如果還看到微塵多，聽了那麼多的「法」，可見「我」還在固執的存在啊！

無限的時間空間物質已全然不存在，哪裡還有我人眾生壽者？這段經文，亦點出「無我人眾生壽者」之難，**最後連「無我人眾生壽者」亦是無！**此章說到將三千大千世界碎為微塵，為了下章不執著法而鋪墊。每個人的世界，只是自己認為的世界，世界絕對是超乎個人的認知，我們皆是整個宇宙銀河系的其中的一個事件……。

無覺無觀

請駐足
生活與花　怎會無關
請緩行
擦身一瞥　怎會無心
請傾聽
耳邊傳來　怎會無念
請清淨
一吐一息　覺觀之外有超越的連結

記：　展現在眼耳鼻舌身意的界內事物，之前之後，
都超越我們的覺觀。

文 / 徐明武

修鍊問題：

30.1 如何將心鍛鍊得更清楚，能看見更大的視野？

30.2 是的！所有事件與心都有關係！如何讓心又不能成為
　　 視野的障礙呢？

「須菩提！若人言：佛說我見、人見、眾生見、壽者見。須菩提！於意云何？是人解我所說義不？」

「不也，世尊！是人不解如來所說義。何以故？世尊說：我見、人見、眾生見、壽者見，即非我見、人見、眾生見、壽者見，是名我見、人見、眾生見、壽者見。」

「須菩提！發阿耨多羅三藐三菩提心者，於一切法，應如是知，如是見，如是信解，不生法相。須菩提！所言法相者，如來說即非法相，是名法相。」

第三十一章 不再須要通關密語

「除非愛窮人，否則無法消滅貧窮，但如果執著於規劃與想法，將無法愛窮人，而如果能放手，就能讓上帝作主。」～　天主教第266任教宗方濟各

　　承續前章的義理，更深入了解第六章佛陀所說的：「知我說法如筏喻者，法尚應捨，何況非法。」

　　世尊：「如果有人說如來對我人眾生壽者四相，有一定的堅持見解，是不了解我所說的意思！」

　　須菩提：「世尊所說對四相的見解，不是表象的四相見解，是對四相的無分別無執著見解。最終要沒有了四相的見解，即是四相的見解。」

　　世尊：「對發心求無上道的行者，對一切的法，應如此無分別執著認知，如此無分別執著見解，如此無分別執著信解，不生分別執著的法相。」

　　「須菩提！如來所說的法相，不是分別執著的法相，是自在的法相。」

此經段裡，世尊連通關密語「無我人眾生壽者」也不說是一定要了！亦不執著這「無四相」了！ 要人不執著一定的法！

關於金剛經中的四句偈，有許多人持不同的看法，有說是 「空身，空心，空性，空法」，金剛經中都論說到了，此第三十一章，即是「空法」。「法」字，水去也！自在法應如水一樣的順應轉變，但無論如何還是保有 H_2O 的結構分子，只是順應能量運作的改變。

水去～法

某時空中的 一個常態點
來自 為數眾多波動結構的支撐
個人所能掌握的 不及千萬億分一
法 如水流 無常無定
不執常態 遊乘宇宙之旅
讓記憶 為下一停站之塵洗

註：無形有形力量的結構交叉點，成為一個狀態，
人事萬物，波動力量傳遞終會改變交點，故皆會有
變化；非意外的意料之外！經驗即是目的，記憶為
感恩的禮物。「法」字，水去也！

文圖 / 徐明武

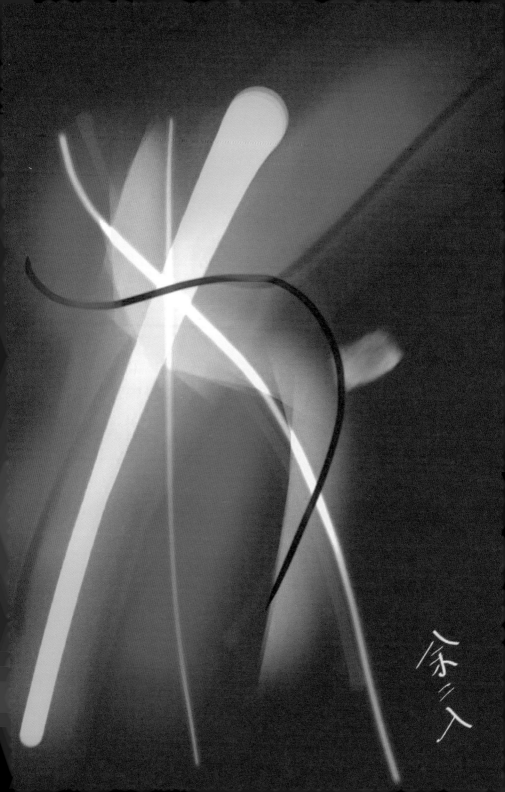

修鍊問題：

31.1 信仰，主義是永恆的嗎？ 為什麼不是？ 您的公司生存的法則？ 您的最個人的人生信仰與宇宙真理的距離有多大？

31.2 公司堅持營運的支持力量是甚麼？ 您打算在公司或經營公司幾年呢？ 為什麼？

「須菩提！若有人以滿無量阿僧祇世界七寶持用布施，若有善男子、善女人，發菩薩心者，持於此經，乃至四句偈等，受持讀誦，為人演說，其福勝彼。云何為人演說，不取於相，如如不動。何以故？

一切有為法
如夢幻泡影
如露亦如電
應作如是觀」。

佛說是經已，長老須菩提及諸比丘、比丘尼、優婆塞、優婆夷、一切世間、天、人、阿修羅，聞佛所說，皆大歡喜，信受奉行。

第三十二章 雷電與露水的啟示

「*復由毗鉢舍那為依止故，令奢摩他增長廣大。*」～瑜伽師地論，「*毗鉢舍那*」內觀之意，「*奢摩他*」寂止之意。觀慧生定，有清淨智慧，廣大了定力；理越通，慧力、定力越大。

　　經的結尾，世尊第九次，告訴善男子善女人，此經典之威力：「在無限長的時間中，以無法計數世界之財寶去佈施，所得之福比不上持經誦讀，以身心實際活出經中的義理。如何為人演說？超越所有相狀，展現永恆的真相智慧。」

　　「為何如此說呢？」

　　「一切會因因緣變化的法則，就如夢幻如泡影，如露水如閃電，應該如此的認知觀覺。」

　　如如不動，心求清淨，注意力不再往外而是向內。

如果以露水雷電的角度去看，每一生命的停止，世間一切瞬間也與其一起停止，所堅持的道法亦不存在了，這停止的畫面分分秒秒都在發生！一切的執著，一切的追求都是如此的短暫？或者說是不值一提？

　　「心念」造成的印記卻永遠在無限長的時間無法計數無限大的空間中，持續運作，與「我」（眾生）同在，等待因緣的觸發！

自然清潔模式～如如不動

心瑜珈 之一式

夜霧中
金屬光滑表面　凝出露水
水珠　映射出世界
一顆水珠　一世界

靜心冷卻
想逃避的　意識虛硬表面
凝結出顆顆心珠　映射出種種真相

影像一再出現
消失　或　互相融合
也許　糾結混亂

以不停留心
觀注　這　自然的清潔模式

終露出
清明光亮的
一面心鏡

文圖／摘自徐明武《心瑜珈》第五十一式

露水 雷電

當 物理與生理的速度
瞬間 停止
塵間露水 與 天際雷電
驟然 與天上地下一切俱同
神聖時刻 中
無 無限心

記：當生命終結，閉上眼睛時，露水雷電
與萬物俱同靜止而空。一切依因緣的造
作，如露亦如電應作如是觀。

文圖 / 徐明武

修鍊問題：

32.1 人辛苦一輩子為什麼？為什麼不被教導要歡喜一輩
子？

32.2 想像您立即，不管任何原因，要離開目前工作岡位，
心中想對現在公司或人說甚麼話？檢視一下您的心
的相狀。

外章第三節 金剛經中的修鍊法

作者將經文中領略到的哲學思維，摘要於以下七項方法，提供來做為修鍊自我思言行為的參考：

1.觀無意識界法

- 無我人眾生壽者，培養無四相的分別心

- 觀想一切終將與微塵一起流轉於無量無數無邊虛空中

- 終將與微生物分不出你我他的心，萬相依因緣而來去

2.觀薛丁格方程式法

- 「我人眾生壽者」有超越意識的連結

- 時間只是能量的轉變
- 平行宇宙的可能，在數學與物理的領域不斷地辯論中

3.移除限制性思維法

- 行走坐臥皆是說法，亦即分分秒秒中都是修行
- 金剛般若覺受：法無定法
- 任何引起不自在的想法均是限制性思維，移除這思維即發現自在當下，雖與不執著差不多，但是範圍較容易擴大，應用在日常生活較容易貼切；亦即「Zero Limit」

4.微塵碎裂法

- 由巨相見微相；由無見多；由有見無

- 色中包含空，空中包含色
- 心念永遠在宇宙星河的微塵中運作，等待因緣觸發

5. 無分別比較法

- 若福德實有，如來不說得福德多
- 可數的，不算多
- 比較的不是結果的多大多好，是起心動念的比較

6. 慈悲喜捨法

- 梵行，與神同行！ 隨時保持愉悅清明
- 對任何有形無形的斷捨離，即是無相佈施

7. 修五眼法

- 人人皆有佛性，皆具五眼

- 提昇五蘊以至五眼，開悟而慈悲，慈悲而開悟

- 心念在無數無量無邊的微塵因果中運作，具有極大威力

- 人人有如來性，只是修行進程不一，以清淨心等待因緣俱足

將愛延續

聽 千吋高空氣流層
與地表的習氣 巨烈嘶擦
聽 城市的紅塵喧鬧
與世代的人群激盪迴腸
而 那千萬道曙光 早已在遠古出發
為到達 你的現在
請迎接 光
失敗成功歡喜哭泣
都為
將 愛 延續

文／徐明武

附錄

附錄一 心經中的密碼

　　大雁塔，唐永徽三年（652 年），為保管玄奘從印度帶回來的數百部梵本佛經，在大慈恩寺的西院，主持修建了一座西域風格的藏經塔。最初名稱為慈恩寺塔，此後被改稱為雁塔，最終為與薦福寺內的小雁塔有所區別而改稱為大雁塔。在 2008 年去西安時，我曾在此駐足許久，想像三藏法師對翻譯佛經的神聖使命，對經文字斟句酌的苦思，不只對片段的意義，又兼顧經文整體所應表現的莊嚴相；《心經》，從各種角度面對此經文，都令人望而生敬，領略經文如從寶石般各個角度散出的光芒；每一個字的蘊涵體現，經文字數的多少，都隱藏了要傳達的神妙訊息！

　　同年冬天的一個晚上，突然覺得，所唸的心經，似乎「心」壓著透不過氣，決定看看文中有多少「心」字，結果大出意料，只有一個「心」字！在 260 字的經文中，只有一個「心」字！那個晚上，我發現了許多神聖數字隱藏在唐玄奘所翻譯的《般若波羅蜜多心經》裡，還有與世界上許多神聖經文相同的前後段落存在對應關係的特性，類似音樂的篇章，節奏前後會重複，歌詞也相同

或類似的 A-B-C-D-D-C-B-A 關係，如下表經文顏色相同部分，其內容有相對應的意涵或境界！

「觀自在菩薩行深般若波羅蜜多時」——對應的是要努力到達解脫的彼岸；「照見五蘊皆空度一切苦厄」——清淨的光來自於能引見自性的智輝經文「故知般若波羅蜜多是大神咒是大明咒是無上咒是無等等咒能除一切苦真實不虛」。

如果日、月在西方世界是日、月，在東南北方世界也是日、月，那即是日、月！ 數字本身顯示的是數量，但這數量所聚集的因緣即是宇宙中多種波動作用力所造成的結果！在各種不同文化中，數字也常常具吉凶的內涵，有的相同，有的不同或相衝突！這個道理並不難解釋，因緣流轉因時因地因行為的不同，運作結果的力量即不相同！有的數字能量會隨繼續流轉而累積波動作用力改變，有的則永遠不變！自遠古以來，人類文明亦是建築在數字上，數字又深深影響文化、宗教……等等；希伯來聖經五書中甚至有一即是命名為數字書，The Book of Numbers。以下簡介心經中所出現重要數字的意涵。

般 若 波 羅 蜜 多 心 經

	1	2	3	4	5	6	7	8	9	10	11	12	13
1	觀	自	在	菩	薩	行	深	般	若	波	羅	密	多
2	時	照	見	五	蘊	皆	空	度	一	切	苦	厄	舍
3	利	子	色	不	異	空	空	不	異	色	色	即	是
4	空	空	即	是	色	受	想	行	識	亦	復	如	是
5	舍	利	子	是	諸	法	空	相	不	生	不	滅	不
6	垢	不	淨	不	增	不	減	是	故	空	中	無	色
7	無	受	想	行	識	無	眼	耳	鼻	舌	身	意	無
8	色	聲	香	味	觸	法	無	眼	界	乃	至	無	意
9	識	界	無	無	明	亦	無	無	明	盡	乃	至	無
10	老	死	亦	無	老	死	盡	無	苦	集	滅	道	無
11	智	亦	無	得	以	無	所	得	故	菩	提	薩	埵
12	依	般	若	波	羅	密	多	故	心	無	罣	礙	無
13	罣	礙	故	無	有	恐	怖	遠	離	顛	倒	夢	想
14	究	竟	涅	盤	三	世	諸	佛	依	般	若	波	羅
15	密	多	故	得	阿	耨	多	羅	三	藐	三	菩	提
16	故	知	般	若	波	羅	密	多	是	大	神	咒	是
17	大	明	咒	是	無	上	咒	是	無	等	等	咒	能
18	除	一	切	苦	真	實	不	虛	故	說	般	若	波
19	羅	密	多	咒	即	說	咒	曰	揭	諦	揭	諦	波
20	羅	揭	諦	波	羅	僧	揭	諦	菩	提	薩	婆	訶

徐明武 製表

A. 數字的涵義與說明：

(1) 1 -> 唯一，至大

(2) 3 -> 眾多，神聖

(3) 5 -> 資源，帝王，大雁塔初建時是五層

(4) 7 -> 完美的週期

(5) 8 -> new beginning； new order or creation，
新的開始； true "born again"，真的新生

(6) 9 -> wise 智者

(7) 12-> 完美週期或組合

(8) 13 -> an angel number very auspicious. 天使的
數，吉祥

(9) 17 -> the number 17 is responsible for, insight,
responsibility, self-discipline, strength,
compassion, spiritual consciousness, and wisdom,
a desire for peace and love for all of humanity.
靈性覺醒與智慧的發生，渴望和諧

(10) 19 -> carries the power of number 1 as well
as number 9； represents the completion of the
task that will take you to the new beginning.
具有從 1 到 9 的能量，表示段落的完成

(11) 20 -> 20 is a teamworker and effective diplomat with a comprehensive point of view. 完美的合作與外緣

(12) 21 -> 13+8=21, destruction and new beginning. 毀滅再生

(13) 152 -> 「心」字出現在經中第 152 個位置 (19×8=152)

(14) 108 -> 9×12=108； 2×sin(108/2)=1.618.. 黃金比率； 地球到太陽的距離約是太陽直徑的 108 倍，神聖數字，佛珠有 108 顆

(15) 260 -> 20×13=108+152

B. 心經中的密碼

(1) 心經共 260 字，260=152+108（完美的修心之佛珠）

(2) 心只有出現一次，在第 152 位置（19x8，完美段落與新生）； 唸經唸到「心」後，體會到了層層的修行階段，再唸 108 字，如佛珠般，完美結束。

(3)有 7 個空字（完美）

(4)有 21 個無字（毀滅再生）

(5)以心字為前後兩段，如前表，顏色相同的為互相對應，如詩歌，神聖經典，有 ABCDDCBA 的對應

(6)唐三藏法師十三歲剃度。（天使吉祥）

(7)出行西域前後十九年。（完美段落）

(8)翻譯佛經亦耗時十九年。

(9)共遊歷一〇八國。(9×12)（智慧組合）

(10)攜回經書共六百五十七部 657=9×73，73 在西方聖經中有神聖智慧繁多之意(3是多，神聖，7是完美圓滿，9是靈性智慧)；若無玄奘法師在中國的翻譯佛書，佛教在中國與亞洲的發展可能是另一情況（智慧中的智慧）

(11)三藏法師一生頌信心經，並依鳩摩羅什版本改譯成目前 260 字流通版。

(12)生於西元 602 年，卒於西元 664 年，享年六十三(9×7)。（智慧完美）

智輝燦爛

不得以色身相見
得見種種色於經
文不載三十二相
心無罣礙智慧明

記：心經共 260 字版本，為唐玄奘所譯。
日月潭玄奘寺供奉三藏法師頭骨舍利。
中日戰爭期間，日人在南京掠走玄奘大師
的靈骨，供奉在日本崎玉縣慈恩寺，民國
44 年(1955)，始迎靈骨來台，供奉於日
月潭畔之慈光寺，民國 54 年(1965)11 月，
玄奘寺建成後，靈骨才遷迎入玄奘寺。

文圖 / 徐明武

附錄二 金剛經三十二品分則（梁昭明太子編輯）

第一品　　法會因由分

第二品　　善現啟請分

第三品　　大乘上宗分

第四品　　妙行無住分

第五品　　如理實見分

第六品　　正信希有分

第七品　　無得無說分

第八品　　依法出生分

第九品　　一相無相分

第十品　　莊嚴淨土分

第十一品　無為福勝分

第十二品　尊重正教分

第十三品　如法受持分

第十四品　離相寂滅分

第十五品　持經功德分

國家圖書館出版品預行編目資料

金剛經中的第三聲音/ 徐明武　著
　--初版-- 臺北市：博客思出版事業網：2020.11
　ISBN　978-957-9267-83-0(平裝)

1.般若部

221.44　　　　　　　　　　　　　　109015857

金剛經中的第三聲音

作　　者：徐明武
編　　輯：楊容容
美　　編：塗宇樵
封面設計：塗宇樵
出 版 者：博客思出版事業網
發　　行：博客思出版事業網
地　　址：台北市中正區重慶南路1段121號8樓之14
電　　話：(02)2331-1675或(02)2331-1691
傳　　真：(02)2382-6225
E—MAIL：books5w@gmail.com或books5w@yahoo.com.tw
網路書店：http：//bookstv.com.tw/
　　　　　　https：//www.pcstore.com.tw/yesbooks/
　　　　　　https：//shopee.tw/books5w
　　　　　　博客來網路書店、博客思網路書店
　　　　　　三民書局、金石堂書店
經　　銷：聯合發行股份有限公司
電　　話：(02) 2917-8022　　傳 真：(02) 2915-7212
劃撥戶名：蘭臺出版社 帳號：18995335
香港代理：香港聯合零售有限公司
地　　址：香港新界大蒲汀麗路 36 號中華商務印刷大樓
　　　　　　C&C Building, 36,Ting, Lai, Road, Tai,Po, New,Territories
電　　話：(852)2150-2100　　傳真：(852)2356-0735
出版日期：2020年11月 初版
定　　價：新臺幣320元整（平裝）
I S B N：978-957-9267-83-0